LA ENFERMEDAD MORTAL

SØREN KIERKEGAARD

Publicado por
GOLDEN BOOKMARK PUBLISHING

Correo electrónico: goldenbookmarkpublishing@gmail.com

Para obtener más detalles o consultas, comuníquese con el editor al correo electrónico anterior.

Publicado por primera vez por GOLDEN BOOKMARK PUBLISHING en 2025

Golden Bookmark

Contents

PRÓLOGO 5

EXORDIO 6

PRIMERA PARTE La enfermedad mortal es la desesperación 9

LIBRO PRIMERO 9

Capítulo I 9

Capítulo II 10

Capítulo III 12

LIBRO SEGUNDO LA UNIVERSALIDAD DE LA DESESPERACIÓN LIBRO TERCERO PERSONIFICACIONES DE LA DESESPERACIÓN 19

Capítulo I 19

Capítulo II 27

SEGUNDA PARTE Desesperación y pecado 46

LIBRO CUARTO LA DESESPERACIÓN ES EL PECADO 47

Capítulo I 48

APÉNDICE 51

Capítulo II 54

Capítulo III 59

LIBRO QUINTO LA CONTINUACIÓN DEL PECADO 65

Capítulo I 67

Capítulo II 70

Capítulo III 77

Sobre el autor 82

PRÓLOGO

Es posible que a más de un lector esta forma de *exposición* le resulte singular; que le parezca demasiado severa para edificar, y demasiado edificante para poseer rigor especulativo. No sé si es demasiado edificante, pero no creo que sea demasiado severa. Y si en verdad lo fuese, sería en mi opinión un defecto. La cuestión no consiste en que no pueda edificar a todos, pues no todos estamos en condiciones de seguirla; pero sí, que sea edificante por naturaleza. La regla cristiana, en efecto quiere que todo, que todo sirva para edificar. Una especulación que no lo consigue es, de golpe, acristiana. Una exposición cristiana siempre debe recordar los consejos de un médico dados en la cabecera del lecho de un enfermo; incluso sin necesidad de ser profano para comprenderlos, nunca hay que olvidar el lugar en que se emiten.

Esta intimidad de todo pensamiento cristiano con la vida (en contraste con las distancias que guarda la especulación), o aun, este aspecto ético del cristianismo, precisamente, implica que se edifica; y una separación radical, una diferencia de naturaleza distingue una exposición de este género, cualquiera sea su rigor, de aquella especie de especulación que pretende ser *imparcial*, y cuyo sedicente heroísmo sublime, lejos de serlo de verdad, es por el contrario, para el cristiano, sólo una manera inhumana de curiosidad. Atreverse a ser enteramente uno mismo, atreverse a realizar un individuo, no tal o cual, sino éste, aislado ante Dios, sólo en la inmensidad de su esfuerzo y de su responsabilidad, tal es el heroísmo cristiano y, reconozcamos su rareza probable. ¿Pero acaso encuéntrese en el hecho de engañarse encerrándose en la humanidad pura o en jugar a quién se asombrará ante la historia universal? Todo conocimiento cristiano, por estricta que sea por lo demás su forma, es y debe ser inquietud; pero esta inquietud misma edifica. Esa inquietud es el verdadero comportamiento con respecto a la vida, con respecto a nuestra realidad personal y, por consiguiente, para el cristiano, es la seriedad por excelencia. La altivez de las ciencias imparciales, lejos de ser una seriedad todavía superior, no es para él más que farsa y vanidad. Pero lo serio, os digo, es lo edificante.

En cierto sentido, pues, este librito pudo escribirlo un estudiante de teología y, en otro, quizá, no importa cuál profesor no habría podido realizarlo.

Mas tal cual es, el atavío de este tratado no es, al menos, irreflexivo, ni carece de posibilidades de precisión psicológica. Es cierto que existe un estilo más solemne; pero la solemnidad a tal grado ya no tiene sentido, y por fuerza de la costumbre, cae fácilmente en la insignificancia.

Por lo demás, haré todavía una observación, sin duda superflua, pero que sin embargo formularé: de una vez por todas tengo que hacer observar la acepción que en todas las siguientes páginas tiene la desesperación: como el título lo indica, es la enfermedad, no el remedio. En esto consiste su dialéctica. Del mismo modo que en la terminología cristiana la muerte expresa también la peor miseria espiritual, aun cuando la curación misma sea morirse, morirse para el mundo.

EXORDIO

Esta enfermedad no es de muerte (Juan, XI, **4**) y, sin embargo, Lázaro murió; pero como los discípulos no comprendían la continuación: *Lázaro, nuestro amigo, se ha dormido, pero yo voy a despertarlo de su sueño*, el Cristo les dijo sin ambigüedad: *Lázaro está muerto*, (XI, **14**). Por lo tanto, Lázaro está muerto y, no obstante, no se trata de una enfermedad mortal; es un hecho que está muerto, sin haber estado, sin embargo, enfermo de muerte.

Evidentemente el Cristo pensaba aquí en aquel milagro que mostraría a sus contemporáneos, es decir a quienes pueden creer, *la gloria de Dios*, en ese milagro que despertó a Lázaro de entre los muertos; de modo que *esa enfermedad no sólo no era de muerte, sino que la predijo, a la gloria de Dios, a fin de que el hijo de Dios fuera glorificado por ella.*

¡Pero incluso si el Cristo no hubiera despertado a Lázaro, no sería menos cierto que esa enfermedad, la muerte misma, no es la muerte!

A partir del momento en que el Cristo se aproxima a la tumba exclamando: *¡Lázaro, levántate y anda!* (XI, **43**), estamos seguros de que esa enfermedad no es de muerte. Pero incluso sin esas palabras, nada más que acercándose a la tumba, Él, que es la *Resurrección y la Vida* (XI, **25**), ¿no indica que esa enfermedad no es de muerte? ¿Y por la existencia misma del Cristo no es evidente? ¡Qué beneficio para Lázaro es ser resucitado para tener que morir finalmente! ¿Qué beneficio sin la existencia de Aquel que es la Resurrección y la Vida para cualquier hombre que crea en Él? No, no es por la resurrección de Lázaro que esa enfermedad no es de muerte, sino porque Él es, por Él. Pues en el lenguaje de los hombres, la muerte es el fin de todo y como ellos dicen, mientras dura la vida, dura la esperanza. Pero para el cristianismo, de ningún modo la muerte es el fin de todo, ni un simple episodio perdido en la única realidad que es la vida eterna; y ella implica infinitamente más esperanza de la que comporta para nosotros la vida, incluso desbordante de salud y de fuerza.

Así, para el cristianismo, ni la misma muerte es *la enfermedad mortal*, y aun menos todo lo que surge de los sufrimientos temporales: penas, enfermedades, miserias, aflicción, adversidades, torturas del cuerpo y del alma, pesares y quebrantos. Y de todo este fardo, por pesado y duro que sea para los hombres, al menos para quienes lo sufren, aun cuando anden diciendo: la muerte no es peor, de todo este fardo semejante a las enfermedades, aun cuando no sea una de ellas, nada es para el cristianismo la enfermedad mortal.

Tal es el modo magnánimo con que el cristianismo enseña al cristiano a pensar acerca de todas las cosas de aquí abajo, comprendida entre ellas la muerte. Casi resulta como si tuviera que enorgullecerse de estar con altanería por encima de los que de ordinario se trata como desgracia, por encima de lo que de ordinario se considera el peor de los males... Pero, en cambio, el cristianismo ha descubierto una miseria cuya existencia ignora el hombre, como hombre; y es ella la enfermedad mortal. El hombre natural podrá enumerar todo lo horrible... y agotarlo todo; el cristiano se ríe del balance. Esta distancia del hombre natural al cristiano es como la del niño al adulto: no es nada para el adulto. El niño no sabe qué es lo horrible, pero el hombre lo sabe y tiembla. El defecto de la infancia es, en primer término, no conocer lo horrible y, en segundo término, temblar de aquello que no es de temer, lo mismo le sucede al hombre natural; ignora dónde se halla realmente el horror, lo que no le exime de temblar, pero tiembla de lo que no es lo horrible. De igual modo, el pagano en su relación con la divinidad; no sólo desconoce al verdadero Dios, sino también adora como dios a un ídolo.

El cristiano en el único en saber qué es la enfermedad mortal. El cristianismo le da un coraje que desconoce el hombre natural, un coraje que recibe con el temor a un grado más de lo horrible. Ciertamente, siempre nos es dado el coraje; y el pavor a un peligro mayor nos da ánimo para afrontar no menos; y el temor infinito a un único peligro, nos hace inexistentes todos los demás. Pero la horrible lección del cristiano es haber aprendido a conocer *la Enfermedad mortal.*

PRIMERA PARTE
La enfermedad mortal es la desesperación

LIBRO PRIMERO

CAPÍTULO I
DONDE SE VE QUE LA DESESPERACIÓN ES LA ENFERMEDAD MORTAL

Enfermedad del espíritu, del yo, la desesperación puede adquirir de este modo tres figuras: el desesperado inconsciente de tener un yo (lo que no es verdadera desesperación); el desesperado que no quiere ser él mismo, y aquel que quiere serlo.

El hombre es espíritu. ¿Pero qué es el espíritu? Es el yo. Pero entonces, ¿qué es el yo? El yo es una relación que se refiere a sí misma o, dicho de otro modo, es en la relación, la orientación interna de esa relación; el yo no es la relación, sino el retorno a sí misma de la relación.

El hombre es una síntesis de infinito y finito, de temporal y eterno, de libertad y necesidad, en resumen, una síntesis. Una síntesis es la relación de dos términos. Desde este punto de vista el yo todavía no existe.

En la relación de dos términos, la relación entra como tercero, como unidad negativa, y los términos se relacionan a la relación, existiendo cada uno de ellos en su relación con la relación; así, por lo que se refiere al alma, la relación del alma con el cuerpo no es más que una simple relación. Si, por el contrario, la relación se refiere a sí misma, esta última relación es un tercer término positivo y nosotros tenemos el yo.

Una relación semejante, que se refiere a sí misma, un yo, no puede haber sido planteada más que por sí misma o por otra.

Si la relación que se refiere a sí misma ha sido planteada por otra, esa relación ciertamente es un tercer término, pero un tercer término es todavía al mismo tiempo una relación, es decir que se refiere a lo que ha planteado toda la relación.

Una relación semejante, así derivada o punteada, es el yo del hombre: es una relación que se refiere a sí misma, y haciéndolo, a otra. De aquí surge que haya dos formas de verdadera desesperación. Si nuestro yo se hubiese planteado el mismo, no existiría más que una: no querer ser uno mismo, querer desembarazarse de su yo, y no se trataría de esta otra: la voluntad desesperada de ser uno mismo. Lo que en efecto traduce esta fórmula es la dependencia del conjunto de la relación, que es el yo, es decir, la incapacidad del yo de alcanzar por sus solas fuerzas el equilibrio y el reposo; no puede hacerlo en su relación consigo mismo más que refiriéndose a lo que ha planteado el conjunto de la relación. Más aun: esta segunda forma de la desesperación (la voluntad de ser uno mismo) designa tan poco un modo especial de desesperar que, por el contrario, toda desesperación se resuelve finalmente en ella y a ella se reduce. Si el hombre que desespera es, como él lo cree, consciente de su desesperación, si no habla de ella absurdamente como de un hecho exterior (un poco como alguien que sufre vértigos y, engañado por sus nervios, habla de ellos como de una pesadez de cabeza, como de un cuerpo que hubiera caído sobre él, etc....

mientras que la pesadez o presión no es nada externo, sino una sensación interna, invertida), si ese desesperado quiere con todas sus fuerzas, por sí mismo, y sólo por sí mismo, suprimir la desesperación, dice que no sale de ella y que todo su esfuerzo ilusorio le hunde aún más, solamente, en ella. La discordancia de la desesperación no es una simple discordancia, sino la de una relación que, refiriéndose íntegramente a sí misma, es planteada por otra; así, la discordancia de esta relación, existiendo en sí, se refleja además al infinito en su conexión con su autor.

He aquí, pues, la fórmula que describe el estado del yo, cuando la desesperación es enteramente extirpada de él; orientándose hacia sí mismo, queriendo ser él mismo, el yo se sumerge, a través de su propia transparencia, en el poder que le ha planteado.

CAPÍTULO II
DESESPERACIÓN VIRTUAL Y DESESPERACIÓN REAL

¿Es la desesperación una ventaja o un defecto? Una y otra cosa en dialéctica pura. No reteniendo más que la idea abstracta de ella, sin pensar en casos determinados, debería tomársela como una ventaja enorme. Ser pasible de este mal, nos coloca por encima de la bestia, progreso que nos diferencia mucho mejor que la marcha vertical, signo de nuestra verticalidad infinita, o de lo sublime de nuestra espiritualidad. La superioridad del hombre sobre el animal, está pues en ser pasible de ese mal; la del cristiano sobre el hombre natural, en tener conciencia de la enfermedad, así como su beatitud está en poder ser curado de ella.

De este modo es una ventaja infinita poder desesperar y, sin embargo, la desesperación no es sólo la peor de las miserias, sino, también, nuestra perdición. Generalmente la relación de lo posible con lo real se presenta de otra manera, pues si es una ventaja, por ejemplo poder ser lo que se desea, es una ventaja todavía mayor serlo, es decir, que el pasaje de la visible a lo real es un progreso, una elevación. Por el contrario, con la desesperación se cae de lo virtual a la real, y el margen infinito de costumbre entre lo virtual y lo real mide aquí la caída. Por lo tanto, es elevarse no estar desesperado. Pero nuestra definición es aún equívoca. Aquí la negación no es la misma que la de no ser cojo, no ser ciego, etc.... Pues si no desesperar equivale a la falta absoluta de desesperación, entonces lo progresivo consiste en desesperar. No estar desesperado debe significar la destrucción de la aptitud para estarlo; para que verdaderamente un hombre no la esté, es preciso que a cada instante aniquile en él la posibilidad de desesperar. En general, la relación de lo virtual con lo real es otra. Dicen bien los filósofos cuando afirman que lo real es lo virtual destruido; sin plena precisión, sin embargo, pues es lo virtual colmado, lo virtual actuante. Aquí, por el contrario, lo real (no estar desesperado), una negación por consecuencia, es lo virtual impotente y destruido, de ordinario lo real confirma lo posible, mientras que aquí le niega.

La desesperación es la discordancia interna de una síntesis, cuya relación se refiere a sí misma. Pero la síntesis no es la discordancia, no es más que lo posible, o también, ella lo implica. Si no, no habría traza de desesperación, y desesperar no sería más que un rasgo humano, inherente a nuestra naturaleza, es decir, que no habría desesperación, sino que sería un accidente para el hombre, un sufrimiento, como una enfermedad que contrae, o como la muerte, nuestro lote común. La desesperación, pues, está en nosotros; pero si no fuéramos una síntesis, no podríamos desesperar, y si esta síntesis al nacer no hubiera recibido de Dios su justeza tampoco podríamos desesperar.

¿De dónde viene, pues, la desesperación? De la relación en la cual la síntesis se refiere a sí misma, pues Dios, haciendo del hombre esa relación, le deja como escapar de su mano, es decir que, desde entonces, la relación tiene que dirigirse. Esta relación es el espíritu, el yo, y allí yace la responsabilidad, de la cual depende siempre toda desesperación, en tanto que existe; por lo tanto depende, a pesar de los discursos y del ingenio de los desesperados para engañarse y engañar a los demás tomándola por una desgracia... como en el caso del vértigo, que la desesperación recuerda en más de un aspecto, aunque siendo diferente de naturaleza, ya que el vértigo es al alma como la desesperación al espíritu, y está lleno de analogías con ella.

Luego, cuando la discordancia, cuando la desesperación está presente, ¿dedujese sin más que persiste? Absolutamente no; la duración de la discordancia no viene de la discordancia, sino de la relación que se refiere a sí misma. O dicho de otra forma: cada vez que se manifiesta una discordancia, y en tanto que ella existe, es necesario remontarse a la relación. Se dice, por ejemplo, que alguien contrae una enfermedad, pongamos por imprudencia. Luego se declara el mal y, desde ese momento, es una realidad cuyo origen es cada vez más pasado. Sería cruel y monstruoso reprocharle continuamente al enfermo que está a punto de contraer la enfermedad, como teniendo el propósito de disolver de continuo la realidad del mal en su posible. Bien, sí; la ha contraído por su culpa, pero sólo una vez ha sido culpa suya. La persistencia del mal no es más que una simple consecuencia de la única vez que lo ha contraído, a la cual no se puede, en todo instante, reducir su progreso; el enfermo ha contraído el mal, pero no se puede decir que todavía lo contrae. Las cosas suceden de otro modo en la desesperación; cada uno de sus instantes reales puede relacionarse con su posibilidad, en cada momento que se desespera se contrae la desesperación; siempre el presente se esfuma en pasado real, a cada instante real de la desesperación, el desesperado lleva todo lo posible pasado como un presente. Esto proviene de que la desesperación es una categoría del espíritu y en el hombre se aplica a su eternidad. Pero esta eternidad no podemos hacerla a un lado por toda la eternidad, ni sobre todo, rechazarla de un solo golpe; a cada instante que estamos sin ella, la hemos rechazado o la rechazamos, pero ella retorna, es decir, que a cada instante que desesperamos, contraemos la desesperación. Pues la desesperación no es una continuación de la discordancia, sino relación orientada hacia sí misma. Y refiriéndose a sí mismo, el hombre ya no puede ser abandonado más que por su yo, lo que, por lo demás, no es más que el hecho, puesto que el yo es el retorno de la relación a sí misma.

CAPÍTULO III
LA DESESPERACIÓN ES LA ENFERMEDAD MORTAL

Esta idea de *enfermedad mortal* debe tomarse en un sentido especial. Literalmente, significa un mal cuyo término, cuya salida es la muerte, y entonces sirve de sinónimo de una enfermedad por la cual se muere, pero no es en este sentido que se puede llamar así a la *desesperación*; pues, para el cristiano, la muerte misma es un pasaje a la vida. De este modo, ningún mal físico es para él *enfermedad mortal*. La muerte termina con las enfermedades, pero no es en sí misma un término. Pero una *enfermedad mortal*, en sentido estricto, quiere decir un mal que termina en la muerte, sin nada más después de ella. Y esto genera la desesperación.

Pero en otro sentido, más categóricamente aún, ella es la *enfermedad mortal*. Pues lejos de morir de día, hablando con propiedad, o de que ese mal termine con la muerte, física, su tortura, por el contrario, consiste en no poder morir, así como en la agonía el moribundo se debate con la muerte sin poder morir. Así, estar enfermo de muerte es no poder morirse; pero aquí, la vida no deja esperanza y la desesperanza es la ausencia de la última esperanza, la falta de muerte. En tanto que ella o el supremo riesgo, se espera de la vida; pero cuando se descubre lo infinito del otro peligro, se espera de la muerte. Y cuando el peligro crece tanto como la muerte, se hace esperanza; la desesperación es la desesperación de no poder, incluso, morir.

En esta última acepción, pues, es la desesperación la *enfermedad mortal*, ese suplicio contradictorio, ese mal del yo: morir eternamente, morir sin poder morir sin embargo, morir la muerte. Pues morir quiere decir que todo ha terminado. Pero morir la muerte significa vivir la propia muerte; y vivirla un solo instante, es vivirla eternamente. Para que se muera de desesperación como de una enfermedad, lo que hay de eterno en nosotros, en el yo, debería poder morir, como hace el cuerpo, de enfermedad. ¡Quimera! En la desesperación el morir transfórmese continuamente en vivir. Quien desespera no puede morir; *como un puñal no sirve de nada para matar pensamientos*, nunca la desesperación, gusano inmortal, inextinguible fuego, no devora la eternidad del yo, que es su propio soporte, pero esta destrucción de sí misma que es la desesperación, es impotente y no llega a sus fines. Su voluntad propia está en destruirse, pero no puede hacerlo, y esta impotencia misma es una segunda forma de destrucción de sí misma, en la cual la desesperación no logra por segunda vez su finalidad, la destrucción del yo; por el contrario, es una acumulación de ser o la ley misma de esa acumulación. Es ella el ácido, la gangrena de la desesperación, el suplicio cuya punta, dirigida hacia el interior, nos hunde cada vez más en una autodestrucción impotente. Lejos de consolar al desesperado, el fracaso de su desesperación para destruirse es, por el contrario, una tortura que reaviva su rencor, su ojeriza; pues acumulando incesantemente en la actualidad desesperación pasada, desespera de no poder devorarse ni de deshacerse de su yo, ni de aniquilarse. Tal es la fórmula de la acumulación de la desesperación, el crecimiento de fiebre en esa enfermedad del yo.

El hombre que desespera tiene un sujeto de desesperación, y es lo que se cree un momento y no más; pues ya surge la verdadera desesperación, la verdadera figura de la desesperación. Desesperando de algo, en el fondo desesperaba de sí mismo y, ahora, pretende librarse de su yo. Así sucede cuando el ambicioso que dice: *Ser César o nada*, no llega a ser César y desespera. Pero esto tiene otro sentido; por no haber llegado a ser César, ya no soporta ser él mismo. Por consiguiente, en el fondo no desespera por no haber llegado a ser César, sino de ese yo que no ha logrado llegar a serlo. Ese mismo yo, que de otro modo hubiese sido toda su alegría –alegría por lo demás no menos desesperada–, helo ahora más insoportable que cualquier otra cosa. Observando de más cerca, lo insoportable para él no está en no haber llegado a ser César, sino en ese yo que no ha conseguido serlo; o más bien, lo que no soporta es no poder librarse de su yo. Habría podido hacerlo, si hubiese llegado a ser César, pero como no lo ha logrado, nuestro desesperado ya no puede consolarse. En su esencia no varía su desesperación, pues no posee su yo, no es él mismo. No habría llegado a serlo, es cierto, deviniendo César, pero se habría librado de su yo; no llegando a ser César, desespera de no poder quedar en paz. Por lo tanto resulta una opinión superficial decir de un desesperado (a causa sin duda de no haberlo visto jamás, ni de haberse visto incluso), como si ello fuese su castigo, que le destruye su yo. Pues precisamente para su desesperación y su suplicio, es incapaz de lograrlo, dado que la desesperación ha puesto fuego a algo refractario, indestructible en él, al yo.

Desesperar de algo no es, pues, todavía, la verdadera desesperación; es su comienzo; se incuba, como dicen los médicos de una enfermedad. Luego se declara la desesperación: se desespera de uno mismo. Observad a una muchacha desesperada de amor, es decir de la pérdida de su amigo, muerto o esfumado. Esta pérdida no es desesperación declarada, sino que ella desespera de sí misma. Ese yo, del cual se habría librado, que ella habría perdido del modo más delicioso si se hubiese convertido en bien del *otro*, ahora hace su pesadumbre, puesto que debe ser su yo sin el *otro*. Ese yo que habría sido su tesoro –y por lo demás también–, en otro sentido, habría estado desesperado ahora le resulta un vacío abominable, cuando el otro está muerto, o como una repugnancia, puesto que le recuerda el abandono. Tratad, pues, de decirle: Hija mía, te destruyes, y escucharéis su respuesta: ¡Ay, no! Precisamente mi dolor está en que no puedo conseguirlo.

Desesperar de sí mismo, querer deshacerse del yo, tal es la fórmula de toda desesperación, y la segunda: desesperado por querer ser uno mismo, se reduce a ella, como hemos reducido anteriormente (véase Capítulo I) la desesperación en la cual se quiere ser uno mismo, a aquélla en la cual se rechaza serlo. Quien desespera quiere, en su desesperación, ser él mismo. Pero entonces, ¿no quiere desprenderse de su yo? En apariencia, no; pero observando de más cerca, siempre se encuentra la misma contradicción. Ese yo, que ese desesperado quiere ser, es un yo que no es él (pues querer ser verdaderamente el yo que sé es, es lo opuesto mismo de la desesperación); en efecto, lo que desea es separar su yo de su autor, Pero aquí fracasa, a pesar de que desespera, y no obstante todos los esfuerzos de la desesperación, ese Autor sigue siendo el más fuerte y la obliga a ser el yo que no quiere ser. Pero haciéndolo, el hombre desea siempre desprenderse de su yo, del yo que es, para devenir un yo de su propia invención. Ser ese *yo* que quiere, haría todas sus delicias –aunque en otro sentido su caso habría sido también desesperado— pero ese constreñimiento suyo de ser el yo que no desea ser, es su suplicio: no puede desembarazarse de sí mismo.

Sócrates probaba la inmortalidad del alma por la importancia de la enfermedad del alma (el pecado) para destruir como hace la enfermedad con el cuerpo. Igualmente se puede demostrar la eternidad del hombre por la impotencia de la desesperación para destruir al yo, por esa atroz contradicción de la desesperación. Sin eternidad en nosotros mismos, no podríamos desesperar; pero si se pudiera destruir al yo, entonces tampoco habría desesperación.

Tal es la desesperación, ese mal del yo, *la Enfermedad mortal.* El desesperado es un enfermo de muerte. Más que en cualquier otro mal, se ataca aquí a la parte más noble del ser; pero el hombre no puede morir por ello. La muerte no es aquí un término interminable del mal, es aquí un término interminable. La muerte misma no puede salvarnos de ese mal, pues aquí el mal con su sufrimiento y... la muerte consisten en no poder morir.

Allí se encuentra el estado de desesperación. Y el desesperado podrá esforzarse, a no dudar de ello, podrá esforzarse en lograr perder su yo, y esto sobre todo es cierto en la desesperación que se ignora, y en perderlo de tal modo que ni se vean sus trazas: la eternidad, a pesar de todo pondrá a luz la desesperación de su estado y le clavará a su yo; así el suplicio continua siendo siempre no poder desprenderse de sí mismo, y entonces el hombre descubre toda la ilusión que había en su creencia de haberse desprendido de su yo. ¿Y por qué asombrarse de este rigor?, puesto que ese yo, nuestro haber, nuestro ser, es la suprema concesión infinita de la Eternidad al hombre y su garantía.

LIBRO SEGUNDO

LA UNIVERSALIDAD DE LA DESESPERACIÓN

Como no existen personas enteramente sanas, al decir de los doctores, podría también decirse, conociendo bien al hombre, que no existe uno exento de desesperación, en cuyo fondo no habite una inquietud, una perturbación, una desarmonía, un temor a algo desconocido o a algo que no se atreve a conocer, un temor a una eventualidad externa o un temor a sí mismo; así como dicen los médicos de una enfermedad, el hombre incuba en el espíritu un mal, cuya presencia interna le revela, por relámpagos y en raras ocasiones, un miedo inexplicable. Y en todos los casos, nadie ha vivido nunca y no vive fuera de la cristiandad sin estar desesperado, ni dentro de la cristiandad, si no es un verdadero cristiano; pues si no lo es íntegramente, queda siempre en él un grano de desesperación.

A más de una persona este punto de vista le hará sin duda el efecto de una paradoja, de una exageración, y también de una idea funesta y desanimadora. Y sin embargo no es así. Lejos de apesadumbrar, trata por el contrario de aclarar lo que habitualmente se deja en una cierta penumbra; lejos de abatir, exalta, puesto que siempre considera al hombre de acuerdo a la exigencia suprema que le formula su destino: ser un espíritu; finalmente, lejos de ser una trivial humorada, es una idea fundamental y perfectamente lógica y, por consiguiente, que no exagera.

Por el contrario, la concepción corriente de la desesperación se queda en la apariencia y no es más que una idea superficial, no una concepción. Pretende que cada uno de nosotros sea el primero en saber si está o no desesperado. Al hombre que se dice desesperado lo toma por tal, pero basta que uno no se sienta tal, para que ya no se pase por desesperado. De este modo se ratifica la desesperación cuando, en realidad, es universal. Lo raro no es estar desesperado, sino, por el contrario, lo raro, lo rarísimo, es, verdaderamente, no estarlo.

Pero el juicio de la gente común no comprende gran cosa de la desesperación. Así (por no citar más que un caso que, si se lo comprende bien, hace entrar a millares de millones de hombres en el rubro de la desesperación), así lo que la mayoría no ve es, precisamente, que una forma de la desesperación consiste en no estar desesperado, en ser inconsciente al respecto. En el fondo, cuando se define la desesperación, el común de la gente comete el mismo error que cuando declaran a alguien enfermo o sano... pero un error, en este caso, mucho más profundo, pues aún sabe infinitamente menos a qué atenerse sobre que es el espíritu (y sin saberlo, no se comprende nada de la desesperación) que sobre la salud o la enfermedad. Generalmente a alguien que no se dice enfermo se lo considera sano y más aun, si él mismo es quien dice que se encuentra sano. Por el contrario, los médicos consideran de otro modo las enfermedades. ¿Por qué? Porque tienen una idea precisa y desarrollada de la buena salud y se rigen por ella para juzgar nuestro estado. Saben que del mismo modo que existen enfermedades imaginarias, también existe una salud imaginaria; por tal causa; dan remedios para hacer evidente el mal. Pues siempre entre los médicos hay por lo menos uno que no se fía sino a medias en lo que afirmamos sobre nuestro estado. Si se pudiera confiar sin reservas en todas nuestras impresiones individuales, cómo estamos, dónde sentimos el dolor, etc., el papel del médico no sería más que una ilusión. En efecto, no hay más que recetar remedios, pero antes es necesario reconocer el mal y, por lo tanto, ante todo saber si el paciente está realmente enfermo o si imagina estarlo, o si fulano, que se cree sano, no está en el fondo enfermo. De igual modo el psicólogo debe considerar la desesperación. Sabe lo que es la desesperación, la conoce y no se conforma por lo tanto con decir de alguien que no se cree o se cree desesperado. No olvidemos, en efecto, que en cierto sentido incluso aquellos que afirman estarlo, no siempre son desesperados. La desesperación es fácil de imitar y uno se puede engañar, y por desesperación, fenómeno del espíritu, tomar toda clase de abatimientos sin consecuencias, todos los desgarramientos pasajeros, sin llegar a ella. Empero, el psicólogo no deja de encontrar en ellos también formas de la desesperación; desde luego que bien ve que hay afectación, pero esa misma imitación es también desesperación; tampoco se engaña con todos esos abatimientos sin consecuencia; ¡pero su insignificancia misma ya es desesperación!

También el común de la gente no ve que la desesperación, en tanto que mal espiritual, es de otro modo dialéctica que lo que de ordinario se llama una enfermedad. Pero esta dialéctica, comprendiéndola bien, aún engloba a millares de hombres en la categoría de la desesperación. Si alguien, en efecto, de quien se ha verificado en un determinado momento su buena salud, cae luego enfermo, el médico tiene derecho a decir de él que estaba entonces sano y que ahora está enfermo. Sucede algo distinto con la desesperación. Su aparición ya muestra su preexistencia. Por lo tanto, nunca es posible pronunciarse sobre alguien que no haya sido salvado por haber desesperado, pues el acontecimiento mismo que le arroja en la desesperación, manifiesta de pronto que toda su vida pasada era desesperación. En tanto que no podría decirse cuando alguien tiene fiebre, que es claro al presente que siempre la ha tenido. Pero la desesperación es una categoría del espíritu, suspendida en la eternidad, y por consecuencia, un poco de eternidad entra en su dialéctica.

La desesperación no sólo tiene otra dialéctica que una enfermedad, sino que todos sus síntomas mismos son dialécticos, y es por esto que el común de la mente tiene tantas posibilidades de equivocarse cuando intenta establecer si uno está o no desesperado. No estarlo, en efecto, bien puede significar: que se está desesperado o también: que habiéndolo estado, uno se ha salvado de la desesperación. Estar confortado y sereno puede significar que se está desesperado; pues esa serenidad misma, esa seguridad pueden ser desesperación; e igualmente destacar, que se la ha superado, que se ha conquistado la paz. La ausencia de desesperación no equivale a la ausencia de un mal; pues no estar enfermo nunca indica que se la está, mientras que no estar desesperado puede incluso ser el síntoma mismo de que se lo está. No sucede lo mismo que en la enfermedad, en la cual el malestar es la enfermedad misma. Ninguna analogía. El malestar mismo es aquí dialéctico. No haberlo experimentado es la desesperación misma.

La razón de ello está en que al considerarla como espíritu (y para hablar de desesperación siempre hay que hacerlo dentro de esta categoría), el hombre nunca deja de estar en un estado crítico. ¿Por qué no se habla de crisis más que para la enfermedad y no para la salud? Porque con la salud física se permanece en la inmediato y no hay dialéctica más que con la enfermedad, y entonces se puede hablar de crisis. Pero en lo espiritual, o cuando se observa al hombre desde esta categoría, enfermedad y salud son, tanto una como la otra, críticas, y no hay salud inmediata del espíritu.

Por el contrario, cuando se deja a un lado el destino espiritual (y sin él no podría hablarse de desesperación), para no ver en el hombre más que una síntesis de alma y cuerpo, la salud vuelve a ser una categoría inmediata y es la enfermedad del cuerpo o del alma la que se convierte en categoría dialéctica. Pero la desesperación es precisamente la inconsciencia en que se encuentran los hombres sobre su destino espiritual. Incluso lo más bello y adorable para ellos, la femineidad en la flor de la edad, toda paz, armonía y gozo, es a pesar de toda desesperación. Es la felicidad, en efecto, ¿pero la felicidad es una categoría del espíritu? Absolutamente no. Y en su fondo, hasta en su basamento más secreto, también la habita la angustia, que es desesperación y que sólo quiere ocultarse allí, no teniendo la desesperación un lugar predilecto más apetecible que el último fondo de la felicidad. Toda inocencia, no obstante su seguridad y su paz ilusorias, es angustia, y nunca la inocencia tiene tanto miedo como cuando su angustia carece de objeto; nunca la descripción de un horror espanta tanto a la inocencia, como sabe hacerlo la reflexión con una hábil palabra, casi caída al descuido pero sin embargo calculada, sobre algún peligro vago; sí, el peor espanto que se le puede causar a la inocencia consiste en insinuarle, sin tenerse en él, que ella sabe perfectamente de qué proviene. Y es cierto que ella lo ignora, pero nunca la reflexión posee trampas más sutiles y más seguras que aquellas que forma de nada, y nunca no es más ella misma que cuando no es nada. Sólo una reflexión aguda, o mejor, una gran fe podría empecinarse en reflexionar la nada, es decir, reflexionar lo infinito. De este modo lo más bello mismo y lo adorable, la femineidad en la flor de la edad, es sin embargo desesperación, infelicidad. Así, esa inocencia de algún modo es suficiente para atravesar la vida. Si hasta el final no se tiene otro bagaje que esa felicidad, no se ha avanzado nada, puesto que es desesperación. En efecto, precisamente porque no es más que dialéctica, la desesperación es la enfermedad y puede decirse que la peor desgracia es no haberla tenido... y una posibilidad divina contrae aunque ella sea la más nociva de todas, cuando no se quiere curar. Es tan cierto que, salvo en este caso, curar es felicidad y que es la enfermedad la desgracia.

El común de la gente comete un gran error viendo la excepción en la desesperación, pues, por el contrario, es la regla. Y lejos de que todos aquellos que no se creen o no se sienten desesperados no lo estén, como la gente pone, y que sólo lo estén los que dicen estarlo, muy por el contrario el hombre que sin simulación afirma su desesperación, no está tan lejos de curarse, incluso está mucho cerca de ello —en un grado dialéctico— que todos aquellos a quienes no se cree y no se creen tampoco desesperados. Pero precisamente la regla, y el psicólogo sin duda me dará razón, consiste en que la mayoría de las gentes viven gran conciencia de su destino espiritual... de aquí toda esa falsa despreocupación, ese falso contentamiento de vivir, etc., etc., que es la desesperación misma. En cuanto a quienes se dicen desesperados, en regla general, unos han tenido en sí bastante profundidad para adquirir conciencia de sus destinos espirituales y, otros, han llegado a darse cuenta de ello a causa de penosos acontecimientos o ásperas decisiones; fuera de ellos no existen otros, pues más bien resulta raro aquel que realmente no esté desesperado.

¡Oh!, conozco perfectamente todo lo que se dice de la aflicción humana... y le prestó oídos, y también he conocido más de un caso de cerca; ¿que a lo que no se dice de las existencias malogradas? Pero sólo se pierde aquélla a la cual engañan tanto las alegrías como las penas de la vida, de modo que nunca llegará, como un beneficio decisivo para la eternidad, a la conciencia de ser un espíritu, un yo, o dicho de otra manera, nunca llegará a observar o experimentar a fondo la existencia de un Dios, ni que ella misma, *ella*, su yo, existe por ese Dios; pero esa conciencia, en beneficio de la eternidad, no se obtiene sino más allá de la desesperación. ¡Y esa otra miseria! ¡Tantas existencias frustradas por un pensamiento que es la beatitud de las beatitudes! Decir –¡ay!– que no se divierte o que se divierte a las multitudes con todo, ¡salvo con lo que importa!, ¡que se las arrastra a malgastar sus fuerzas en las aceras de la vida sin recordarle nunca esa beatitud!; ¡que se las empuja cual ha ganado... y se las engaña en lugar de dispersarlas, de aislar a cada individuo, a fin de que se aplique sólo a ganar la finalidad suprema, la única que hace que valga la pena vivir y que posee en sí todo lo necesario para nutrir toda una vida eterna! ¡Ante tal miseria podría llorarse toda una eternidad! Pero otro síntoma horrible, para mí, de esa enfermedad, la peor de todas, es su secreto. Y no sólo por el deseo y los esfuerzos felices de quien la sufre para ocultarla, no sólo porque ella pueda alojarse en él sin que nadie la descubra; no, sino también porque ella puede disimularse perfectamente en el hombre, ¡de tal modo que ni incluso él sepa nada! Y vaciado el reloj de arena, el reloj de arena terrestre, y apagados todos los ruidos del siglo, y terminada nuestra agitación forzada y estéril, cuando alrededor tuyo todo sea silencio, como la eternidad, hombre o mujer, rico o pobre, subalterno o señor feliz o desventurado –haya llevado tu cabeza el brillo de la corona o, perdido entre los humildes, no hayas tenido más que penas y las fatigas de los días; se celebre tu gloria mientras dure el mundo u olvidado, sin nombre, sigas a la muchedumbre innúmera anónimamente; hayas superado el esplendor que te envolvió toda descripción humana, o los hombres te hayan herido con sus más duros o envilecedores juicios–, quienquiera que haya sido, contigo como con cada uno de tus millones de semejantes, la eternidad sólo se interesará por una cosa: si tu vida fue o no desesperación y si, desesperado, no sabías que lo estabas, o si ocultabas en ti esa desesperación como una secreta angustia, como el fruto de un amor culpable o, también, si experimentando horror y, por lo demás, desesperado, rugías de rabia. Y si tu vida no ha sido más que desesperación, ¡qué importa entonces lo demás! Victorias o derrotas, para ti todo está perdido; la eternidad no te ha reconocido como suyo, no te ha conocido o, peor aún, identificándote, ¡te clava a tu yo, a tu yo de desesperación!

LIBRO TERCERO
PERSONIFICACIONES DE LA DESESPERACIÓN

Abstractamente es posible separar las diversas personificaciones de la desesperación, escrutando los factores de esa síntesis que es el yo. El yo está formado de finito e infinito. Pero su síntesis es una relación que, aunque derivada, se refiere a sí misma, lo que es la libertad. El yo es libertad. Pero la libertad es la dialéctica de dos categorías, de lo posible y de lo necesario.

No por eso hay que considerar menos a la desesperación, sobre todo desde el punto de vista de la categoría de la conciencia: si es o no consciente, difiere de naturaleza. Ateniéndose al concepto, claro está que siempre es desesperación; pero de aquí no se deduce que el individuo a quien habita la desesperación y a quien en principio, pues, se debería llamar desesperado, tenga conciencia de estarlo. De este modo la conciencia, la conciencia íntima, es el factor decisivo. Decisivo siempre y cuando se trate del yo. Ella da la medida. Cuanto más conciencia hay, mayor es el yo; pues más crece ella, más crece la voluntad; y cuanto mi voluntad existe, más yo hay. En un hombre sin voluntad no existe el yo; pero cuanta más hay en él, también tiene más conciencia de sí mismo.

CAPÍTULO I
DE LA DESESPERACIÓN CONSIDERADA NO DESDE EL ÁNGULO DE LA CONCIENCIA SINO ÚNICAMENTE SEGÚN LOS FACTORES DE LA SÍNTESIS DEL YO

a) La desesperación vista en relación a la doble categoría de lo finito y de lo infinito.

El yo es una síntesis consciente de infinito y finito que se relaciona consigo misma, y cuyo fin es devenir de ella misma; lo que sólo puede hacer refiriéndose a Dios. Pero devenir uno mismo es devenir concreto, lo que no se logra en lo finito o en lo infinito, puesto que lo concreto en devenir es una síntesis. Por lo tanto, la evolución consiste en alejarse indefinidamente de sí mismo en una *infinitación* del yo, y en retornar indefinidamente de sí mismo en la *finitación*. Por el contrario, el yo que no deviene él mismo permanece, a pesar o no suyo, desesperado. No obstante, en todo momento de su existencia el yo se encuentra en devenir, pues el yo en potencia no existe realmente y no es más que lo que debe ser. Por lo tanto, mientras no llega a devenir él mismo, el yo no es él mismo; pero no ser uno mismo es la desesperación.

1) La desesperación de la infinitud o la falta de finito.

Esto se debe a la dialéctica de la síntesis del yo, en la cual uno de los factores no deja de ser su propio contrario. No puede darse una definición directa (no dialéctica) de ninguna forma de la desesperación; es preciso que siempre una forma refleje a su contraria. Sin dialéctica se puede describir el estado del desesperado en la desesperación, como hacen los poetas, dejándole hablar por sí mismo. Pero la desesperación no se define sino por su contrario; y para que ella tenga un valor artístico, la expresión debe entonces tener en su colorido como un reflejo dialéctico del contrario. Por lo tanto, en toda vida humana que ya se cree infinita o que quiere serlo, cada instante mismo es desesperación. Pues el yo es una síntesis de finito que delimita y de infinito que imita. La desesperación que se pierde en lo infinito es por lo tanto algo imaginario, informe: pues el yo no tiene salud y no está libre de desesperación, sino porque habiendo desesperado con claridad para sí mismo, se sumerge hasta Dios.

Es cierto que lo imaginario se debe ante todo a la imaginación; pero ésta ligase a su vez al sentimiento, al conocimiento, a la voluntad, y así se puede tener un sentimiento, un conocimiento, un querer imaginarios. La imaginación, en general, es agente de la infinitación: no es una facultad como las otras... sino que, por así decirlo, es su *Proteo*. Lo que hay de sentimiento, conocimiento y voluntad en el hombre, depende en última instancia de lo que hay en su imaginación, es decir, de la manera con que todas sus facultades se reflejan, proyectándose en la imaginación. Ella es la reflexión que crea el infinito, por lo cual el viejo Fichte tenía razón cuando colocaba en ella, incluso para el conocimiento, la fuente de las categorías. Así como lo es el yo, la imaginación también es reflexión y reproduce al yo, y reproduciéndolo, crea lo posible del yo y su intensidad es lo posible de intensidad del yo.

Lo imaginario en general transporta al hombre en el infinito, pero sólo alejándolo de sí mismo y, de este modo, desviándolo del retorno a sí mismo.

Una vez, pues, que el sentimiento se ha hecho imaginario, el yo se evapora de más en más, hasta no ser al fin sino una especie de sensibilidad impersonal, inhumana, sin vínculo alguno en un individuo, pero compartiendo no se sabe qué existencia abstracta, por ejemplo, la de la idea de humanidad. Como el reumático a quien dominan sus sensaciones cae de tal modo bajo el imperio de los vientos y del clima, que instintivamente su cuerpo se resiente del menor cambio de atmósfera, etc.... de igual modo el hombre, de sentimiento absorbido por lo imaginario, viértase cada vez más en el infinito, pero sin devenir cada vez más él mismo, puesto que no deja de alejarse de su yo.

La misma aventura le acontece al conocimiento que se hace imaginario. En este caso la ley de progreso del yo, si realmente es también necesario que el yo devenga él mismo, consiste en que el conocimiento marche a la par de la conciencia, que y cuanto más conozca, más se conozca el yo. De otro modo el conocimiento, a medida que progresa, transfórmese en *un conocer monstruoso*, en el cual el hombre en lugar de edificar malgasta su yo, un poco como en el desgaste de vidas humanas para construir las pirámides, o como con las voces en los coros rusos, para no dar más que una nota, una sola.

La misma aventura corre la voluntad cuando cae en lo imaginario: el yo se esfuma cada vez más. Pues cuando ella no deja de ser tan concreta como abstracta –de lo que no se trata aquí–, más sus fines y resoluciones viértanse en el infinito y más permanece al mismo tiempo disponible para sí misma como para la menor tarea inmediatamente realizable; y entonces, infinitándose, ella vuelve más a sí misma –en sentido estricto–; cuando ella está más lejos de sí misma (más infinitada en sus fines y resoluciones) está al mismo tiempo más cerca de cumplir esa infinitesimal parcela de su tarea realizable todavía hoy mismo, ahora mismo, al instante mismo.

Y cuando una de esas actividades, querer, conocer o sentir, ha pasado de ese modo a lo imaginario, al fin todo el yo también corre el mismo riesgo, se arroje por sí mismo a lo imaginario o más bien se deje arrastrar a ello; en ambos casos sigue siendo responsable. Se lleva entonces una vida imaginaria infinitándose en ella o aislándose en lo abstracto, siempre privado de su yo, del cual sólo se consigue alejarse cada vez más. Veamos lo que pasa entonces en el dominio religioso. La orientación hacia Dios dota al yo de infinito, pero aquí esta infinitación, cuando lo imaginario ha devorado al yo, no arrastra al hombre más que a una embriaguez vacía. Alguien podrá encontrar insoportable la idea de existir para Dios, no pudiendo ya retornar, en efecto, al hombre, a su yo, devenir él mismo. Un creyente semejante, dominado de este modo por lo imaginario, diría (para personificarlo por sus propias palabras): *Es comprensible que un gorrión pueda vivir, puesto que no sabe vivir para Dios. ¡Pero saberlo uno mismo! ¡Y no hundirse de inmediato en la locura o en la nada!* Pero en alguien dominado de este modo por lo imaginario, en un desesperado pues, la vida bien puede seguir su curso, aunque generalmente se lo perciba y, semejante a la de todo el mundo, esté llena de lo temporal, de amor, familia, honores y consideraciones; acaso no se perciba que en un sentido más profundo ese hombre carece de yo. El yo no es algo que preocupe gran cosa al mundo; en efecto, es algo por lo cual se siente poca curiosidad, y cuando se lo posee, es lo más arriesgado de mostrarse. El peor de los peligros, la perdida de ese yo, puede darse entre nosotros de modo tan desapercibido como si se tratara de nada. No existe nada que produzca menos ruido y fuere la cosa que fuese, brazo o pierna, fortuna, mujer, etc.... ninguna otra, salvo ella, pasara desapercibida.

2) La desesperación de lo finito o la falta de infinito.

Carecer de infinito disminuye y limita desesperadamente. Y no se trata aquí, naturalmente, más que de estrechez e indigencia morales. El mundo, por el contrario, no habla más que de indigencia intelectual o estética, o de cosas indiferentes, de las cuales siempre se ocupa más; pues precisamente su espíritu está en dar un valor infinito a las cosas indiferentes. La reflexión de las gentes se prende siempre a nuestras pequeñas diferencias, sin preocuparse como correspondería de nuestra única necesidad (pues la espiritualidad consiste en preocuparse de ella), y por tal razón no entienden nada de esa indigencia, de esa limitación que es la pérdida del yo, perdido no porque se evapore en lo infinito, sino porque se encierra a fondo en lo finito, y porque en lugar de un yo, no deviene más que una cifra, otro ser humano más, una repetición más de un eterno cero.

La limitación aquí donde se desespera, es una carencia de primitivismo o consiste en que uno se ha despojado, en que uno se ha castrado en lo espiritual. Nuestra estructura original, en efecto, siempre está dispuesta como un yo debiendo devenir él mismo; y como tal, un yo ciertamente nunca carece de ángulos, pero de esto sólo se desprende que hay que darles consistencia y no suavizarlos; salvo que por miedo a otro yo, el yo deba renunciar a ser él mismo y no se atreva a ser en toda su singularidad (con sus ángulos mismos), en esa singularidad en la cual se es plenamente uno para sí mismo. Pero junto a la desesperación que se sumerge a ciegas en el infinito hasta la pérdida del yo, existe otra de una especie diferente, que se deja como frustrar de su yo por *otro*. Viendo tantas gentes a su alrededor, cargándose de tantos asuntos humanos, tratando de captar cómo anda el tren del mundo, ese desesperado se olvida de sí mismo, olvida su nombre divino, no se atreve a creer en sí mismo y halla demasiado atrevido el serio y más simple y seguro asemejarse a los demás, ser una caricatura, un número, confundido en el ganado.

Esta forma de desesperación escapa, en resumidas cuentas, perfectamente a las gentes. Perdiendo de este modo su yo, un desesperado de esta especie adquiere de súbito una indefinida aptitud para hacerse recibir bien en todas en todas partes, para triunfar en el mundo. Aquí no se da ningún desgarrón, aquí el yo y su infinitación han dejado de ser una molestia; pulido como un guijarro, nuestro hombre rueda por todas partes como una moneda en circulación. Lejos de que se lo tome por un desesperado, es precisamente un hombre como desean las gentes. En general, el mundo no sabe, y con razón, dónde hay algo de qué temblar. Y esa clase de desesperación, que facilita la vida en lugar de trabarla, y os la llena de facilidad, naturalmente no es tomada por desesperación. Tal es la opinión del mundo, como puede verse entre otras cosas en casi todos los proverbios, que no son más que reglas de sabiduría. Tal el dicho que expresa que hay que arrepentirse diez veces por haber hablado y una por haberse callado; ¿por qué?, porque nuestras palabras, como algo material, pueden complicarnos en hechos desagradables, lo que es algo real. ¡Como si callarse no fuera nada! ¡Cuando se trata del peor de los peligros! El hombre que se calla está reducido, en efecto, a su propio monólogo, y la realidad no viene en su ayuda castigándolo, haciendo recaer sobre él las consecuencias de sus palabras. Pero también aquel que sabe donde hay algo de qué temblar, teme principalmente toda mala acción toda falta de orientación interna y sin traza en el exterior. A los ojos del mundo el peligro es arriesgar, por la buena razón de que se puede perder. ¡Nada de riesgos!, he aquí la sabiduría. Sin embargo, no arriesgando nada, qué facilidad espantosa se presenta para perder lo que no se perdería, arriesgando más que difícilmente, aunque se perdiera, pero nunca en todo caso así, tan fácilmente, como nada. ¿Perder qué? A uno mismo. Pues si yo arriesgo y me engaño... ¡Y bien!, la vida me castiga para socorrerme. Pero cuando no arriesgo nada, ¿quién me ayuda entonces?, y tanto más que no arriesgando nada en el sentido eminente (lo que significa adquirir conciencia de su yo), gano en cobarde, encima, todos los bienes de este mundo... ¡Y pierdo mi yo!

Tal es la desesperación de la finitud. Un hombre puede realizar perfectamente en ella una vida temporal, y en el fondo, tanto mejor, una vida humana en apariencia, conquistando el elogio de los demás, el honor, la estima y la prosecución de todos los fines terrestres. Pues el siglo, como se dice, no se compone precisamente más que de gentes de su especie, dedicadas en suma al mundo, sabiendo utilizar sus talentos, acumulando dinero, triunfadores, como se dice, y artistas en prever, etc...., cuyos nombres pasarán quizás a la historia. ¿Pero han sido verdaderamente ellas mismas? No, pues en lo espiritual han carecido de yo, no han tenido un yo por quien arriesgarlo todo; han carecido absolutamente de yo ante Dios... por egoístas que hayan sido, por otra parte.

b) La desesperación vista en relación a la doble categoría de lo posible y de la necesidad.

Lo posible y la necesidad son igualmente esenciales al yo para devenir (pues ningún devenir, en efecto, existe para el yo si no es libre). Como necesita infinito y finito, el yo igualmente requiere lo posible y la necesidad. Tanto desesperada por falta de posible como por falta de necesidad.

1) La desesperación de lo posible o la falta de necesidad.

Como se ha visto, este hecho proviene de la dialéctica. Frente a lo infinito, la finitud limita; de algún modo, la necesidad tiene por papel retener en el campo de lo posible. El yo, como síntesis de finito e infinito, es planteado primero, existe; luego, para devenir, se proyecta sobre la pantalla de la imaginación y esto le revela lo infinito de lo posible. El yo contiene tanto de posible como de necesidad, pues es él mismo, pero también tiene que devenirlo. Es necesidad, puesto que es él mismo, y posible, puesto que debe devenir.

Si lo posible derriba a la necesidad y de este modo el yo se lanza y se pierde en lo posible, sin vínculo atrayéndole a la necesidad, se tiene la desesperación de lo posible. Ese yo se hace entonces un abstracto en lo posible, se agota debatiéndose en él, sin cambiar de lugar sin embargo, pues su verdadero lugar es la necesidad, devenir uno mismo, en efecto es un movimiento en el mismo sitio. Devenir es una partida, pero devenir uno mismo, un movimiento en el mismo sitio.

Entonces el campo de lo posible no deja de agrandarse a los ojos del yo, en él halla siempre más posible, puesto que ninguna realidad se forma allí. Al final lo posible lo abarca todo, pero entonces se trata de que el abismo se ha tragado el yo. Para realizarse, el menor posible requerirá cierto tiempo. Pero ese tiempo que necesitaría para la realidad se abrevia tanto, que al fin todo se dispersa en polvo de instantes. Los posibles se hacen de más en más intensos, pero sin dejar de serlo, sin convenirse en lo real, en lo cual no hay, en efecto, intensidad, salvo dando un paso de lo posible a lo real. Apenas el instante revela un posible, y ya surge otro y, finalmente, esas fantasmagorías desfilan con tanta rapidez que todo nos parece posible y entonces tocamos ese instante extremo del yo, en el cual él mismo no es más que una ilusión.

Lo que le falta ahora es lo real, como también lo expresa el lenguaje ordinario cuando dice que alguien ha salido de la realidad. Pero observando de más cerca, lo que le falta es necesidad. Pues aunque le desagrade a los filósofos, la realidad no se une a lo posible en la necesidad, sino que es ésta última la que se une a lo posible en la realidad. Tampoco es por falta de fuerza, al menos en el sentido ordinario, por lo que el yo sé descarría en lo posible. Lo que falta es, en el fondo, la fuerza de obedecer, de someterse a la necesidad incluida en nuestro yo, a lo que puede llamarse *nuestras fronteras interiores*. La desgracia de un yo semejante tampoco reside en el hecho de no haber llegado a nada en este mundo, sino en no haber adquirido conciencia de sí mismo, de no haber percibido que ese yo es el suyo, un determinado preciso y, por lo tanto una necesidad. En lugar de esto, el hombre se ha perdido a sí mismo dejando que su yo se refleje imaginariamente en lo posible.

No hay posibilidad de verse a sí mismo en un espejo, sin conocerse ya, pues sino no es verse, sino ver sólo a alguien. Pero lo posible es un espejo extraordinario, al cual hay qué usar con suma prudencia. En efecto, puede decirse que es engañador. Un yo que se mira en su propio posible no es más que cierto a medias; pues, en ese posible está bien lejos aún de ser el mismo, o no lo es más que a medias. Todavía no puede saberse qué resolverá luego su necesidad. Lo posible hace como el niño que recibe una invitación agradable y que la acepta de inmediato; queda por verse si los padres le permitirán... y los padres desempeñan el papel de la necesidad.

Lo posible, en verdad, contiene todos los posibles y, por lo tanto, todos los descarriamientos, pero profundamente, dos. Uno, en forma de deseo, de nostalgia, y el otro, de melancolía imaginativa (esperanza, temor o angustia). Como aquel caballero, de quien hablan las leyendas, que de pronto ve un pájaro raro y se empecina en seguirlo, habiendo creído en un primer momento que estaba a punto de cazarlo... pero el pájaro escapa siempre, hasta que cae la noche y el caballero, lejos de los suyos, ya ignora su camino en la soledad: así es lo posible del deseo. En lugar de referir lo posible a la necesidad, el deseo lo sigue hasta perder el camino de regreso a sí mismo. En la melancolía, lo contrario adviene de la misma manera. El hombre de amor melancólico se compromete en la persecución de un posible de su angustia, que termina por alejarlo de sí mismo y le hace perecer en esa angustia, o en esa extremidad misma, en la cual tanto temía perecer.

2) La desesperación en la necesidad, o la carencia de lo posible.

Suponed que descarriarse en lo posible se compare a los balbuceos de la infancia y, entonces, carecer de posible es estar mudo. La necesidad parece no ser más que las consonantes, pero para pronunciarlas se necesita lo posible. Si falta, si el sino hace que una existencia carezca de él, ella desespera, y está desesperada en todo instante que le falte.

Hay, como se dice, una edad para la esperanza, o bien, asimismo, en una cierta época, en un cierto momento de la vida, se está o se estuvo, dícese, desbordante de esperanza o de posible. Pero esto no es más que verborrea que no alcanza a lo verdadero: pues esperarlo todo y desesperar de tal cosa aún no es verdadera esperanza, ni verdadera desesperación.

El criterio es el siguiente: todo le es posible a Dios. Verdad de siempre y, por lo tanto, de cualquier instante.

Es un refrán cotidiano del cual se hace uso Iodos los días sin pensar en él, pero la palabra no es decisiva más que para el hombre que se encuentra al fin de todo y cuando no subsiste ningún otro posible humano. Entonces, lo esencial para él consiste en si quiere creer que todo es posible para Dios, si tiene la voluntad de creer en ello. ¿Pero no es esta la fórmula para perder la razón? Perderla para ganar a Dios, es el acto mismo de creer. Supongamos a alguien en este caso: todas las fuerzas de una imaginación en el espanto le muestran temblando yo no sé de qué horror intolerable; ¡y es este horror el que le llega! En opinión de los hombres su pérdida es algo seguro... y, desesperadamente, la desesperación de su alma lucha por el derecho a desesperar, por el contentamiento de todo su ser en instalarse en la desesperación; incluso basta no maldecir a nadie tanto como a quien pretenda evitárselo, según la palabra del poeta de los poetas, en Ricardo II:

Beshrew thee, cousin, which didst lead me forth

of that sweet way I was in to despair.

(Acto III, escena II).

Así, pues, la salvación es el supremo imposible humano; ¡pero a Dios todo le es posible! Este es el combate de la fe, que lucha como un demente por lo posible. Sin el combate, en efecto, no hay salvación. Ante un desmayo las gentes gritan: ¡Agua! ¡Agua de Colonia! ¡Gotas de Hoffman! Pero para alguien que desespera. Se grita: ¡Lo posible! ¡Lo posible! ¡Sólo se lo salvará con lo posible! Un posible: y nuestro desesperado recobra el aliento, revive, pues sin posible, por así decirlo, no se respira. A veces el ingenio de los hombres es suficiente para encontrarlo, pero, al final, cuando se trata de creer, sólo queda un único remedio: Todo es posible para Dios.

Tal es el combate. El resultado no depende más que de un punto: el combatiente quiere procurarse posible, ¿quiere creer? Y sin embargo, hablando humanamente, sabe que su pérdida es más que segura. Y es éste el movimiento dialéctico de la fe. Generalmente el hombre se limita a atenerse a la esperanza, a lo probable, etc...., contando con que esto o aquello no le sucederá. Luego llega el acontecimiento, perece. El temerario se lanza a un peligro, cuyo riesgo también puede depender de factores diversos; y entonces llega ese riesgo, y él desespera, sucumbe. El creyente ve y comprende en tanto que hombre su pérdida (en lo que ha soportado o en lo que se ha atrevido), pero cree. Y es esto lo que le preserva de perecer. Confía íntegramente en Dios sobre el modo en que le llegarán los socorros, pues se conforma con creer que a Dios todo le es posible. Creer en su pérdida es imposible. Comprender que humanamente es su pérdida y, a la vez, creer en lo posible, es creer. Entonces Dios viene en ayuda del creyente, quizá dejándole escapar del horror, acaso mediante el horror mismo en el cual, a pesar de toda suposición, brota el socorro. Milagroso, divino. Milagroso, ¡pues qué gazmoñería es creer que sólo un hombre ha sido socorrido milagrosamente hace diecinueve siglos! Ante todo la ayuda del milagro depende de la comprensión apasionada que se haya tenido de la imposibilidad del milagro y luego de nuestra lealtad con respecto a esa potencia misma que nos salvó. Pero, en general, los hombres no poseen la una ni la otra; llaman a gritos a la imposibilidad para que los ayude, sin haber tendido incluso su comprensión para descubrirla; y más tarde mienten como ingratos.

En lo posible, el creyente retiene el eterno y seguro antídoto de la desesperación, pues Dios lo puede todo en cualquier instante. Es ésta la salvación de la fe, que resuelve las contradicciones. Y aquí también lo es el hecho de que la certidumbre humana de la pérdida es sin embargo al mismo tiempo que la existencia de un posible. ¿La salvación no es, en suma, el poder de resolver lo contradictorio? Así en lo físico, una corriente de aire es una contradicción, una desproporción entre el frío y el calor, sin dialéctica, que un cuerpo sano resuelve sin darse cuenta. Lo mismo sucede con la fe.

Carecer de posible significa que todo se nos ha hecho necesidad o trivialidad.

El determinista, el fatalista son desesperados que han perdido su yo, puesto que para ellos no existe más que la necesidad. Les sucede la misma aventura que a aquel rey que murió de hambre porque sus alimentos se transformaban en oro. La personalidad es una síntesis de posible y de necesidad. Por lo tanto su duración depende, como la respiración (re-spiratio) de una alternancia de aliento. El yo del determinista no respira, pues la necesidad pura es irrespirable y asfixia fácilmente al yo. La desesperación del fatalista consiste en haber perdido su yo, habiendo perdido a Dios; carecer de Dios es carecer de yo. El fatalista no tiene Dios, o dicho de otro modo, el suyo es la necesidad, pues siéndole todo posible, Dios es la posibilidad pura, la ausencia de necesidad. Por consecuencia, el culto del fatalista es a lo sumo una interjección y, por esencia, mutismo, sumisión muda, impotencia para rogar. Rogar es todavía respirar, y lo posible es al yo como el oxígeno a nuestros pulmones. Así como no se respira el oxígeno o el nitrógeno aislados, tampoco el hálito de la plegaria se alimenta aisladamente de posible o de necesidad. Para rogar es preciso un Dios o un yo –y lo posible–, o un yo y lo posible en su sentido más sublime, pues Dios es el absoluto posible, o también Dios es la posibilidad pura; y sólo aquel a quien una sacudida semejante hace nacer a la vida espiritual, comprendiendo que todo es posible, sólo ése ha tomado contacto con Dios. Y porque la voluntad de Dios es lo posible, se puede rogar; si ella no fuese más que necesidad, no se podría hacerlo y el hombre por naturaleza carecería de lenguaje, como el animal.

Sucede algo muy distinto con los filisteos, con su trivialidad carente ésta ante todo de posible. El espíritu está ausente de ella, en tanto que en el determinismo y en el fatalismo desespera; pero la falta de espíritu es también desesperación. Carente de toda orientación espiritual, el filisteo permanece en el dominio de lo probable, donde lo posible encuentra siempre un refugio; el filisteo no tiene de este modo ninguna probabilidad de descubrir a Dios. Sin imaginación como siempre, vive en una cierta suma trivial de experiencia sobre la marcha de los acontecimientos, los límites de lo probable, el curso habitual de las cosas, ¡y qué importa que sea vendedor de vinos o primer ministro! De este modo el filisteo ya no tiene ni yo ni Dios. Pues para descubrir al uno u al otro es necesario que la imaginación nos sustente por encima de los vapores de lo probable, nos arranque de ellos y, haciendo posible aquello que sobrepasa la medida de toda experiencia, nos enseñe a esperar y temer o a temer y esperar. Pero la imaginación del filisteo no puede hacerlo, no quiere hacerlo, lo detesta. Aquí, pues, no hay remedio. Y si la existencia le ayuda a veces a golpe de horrores, yendo más allá de su trivial sabiduría de loro, desespera, es decir que entonces se ve bien que su caso era desesperación y que le falta lo posible de la fe para estar en condiciones de salvar su yo de su pérdida segura, mediante Dios.

Fatalistas y deterministas, sin embargo, tienen la suficiente imaginación para desesperar de lo posible, y bastante posible para descubrir en ellos su ausencia. Pero al filisteo lo trivial le tranquiliza y su desesperación es la misma, marche todo bien o mal. Fatalistas y deterministas carecen de posible para suavizar y aquietar, para atemperar la necesidad; y ese posible que les serviría de atenuación, falta al filisteo como un reactivo contra la ausencia de espíritu. Su sabiduría, en efecto, se vanagloria de disponer de lo posible y haber encerrado su inmensa elasticidad en la trampa o en la estupidez de lo probable; cree haberla captado y nuestro filisteo la pasea en la jaula de lo probable y la muestra a la ronda y se cree su dueño, sin pensar que él mismo se ha cautivado de ese modo, se ha hecho esclavo de la estupidez y el último de los parias. Y en tanto que aquel que se descarría en lo posible lleva la audacia de la desesperación, y que quien no cree más que en la necesidad, desesperado se crispa y se magulla en lo real, el filisteo, en su estupidez, triunfa.

CAPÍTULO II
LA DESESPERACIÓN VISTA EN RELACIÓN A LA CATEGORÍA DE LA CONCIENCIA

La conciencia crece y sus progresos miden la intensidad siempre creciente de la desesperación; cuanto más crece, más intensa es la desesperación. El hecho, visible en todo, lo es especialmente en ambos extremos de la desesperación. El del diablo es el más intenso de todos; el del diablo, espíritu puro y, como tal, conciencia y limpieza absolutas; sin nada oscuro en él que pueda servir de excusa, de atenuación; también su desesperación es la cima misma del desafío. He aquí el máximum. Al mínimum, es un estado, una especie de inocencia, como se está tentado en decir, sin sospechar incluso de que se está desesperado. De este modo, en la mayor inconsciencia, la desesperación se encuentra en lo más bajo, tan bajo que uno casi se pregunta si allí se puede designarla con ese nombre.

a) La desesperación que se ignora o la ignorancia desesperada de tener un yo, un yo eterno.

Este estado, al cual con todo derecho se trata de desesperación y que no deja de serlo, expresa por eso mismo, pero en el buen sentido del término, el derecho de argucia de la Verdad. *Veritos est index sui et falsi.* Pero se subestima ese derecho de argucia, lo mismo que los hombres, generalmente, distan mucho de considerar como bien supremo la relación con lo verdadero, su relación personal con la verdad, como también están lejos de ver con Sócrates que la peor de las desgracias es hallarse en el error; muy a menudo en ellos los sentidos predominan mucho más ampliamente que la intelectualidad. Casi siempre cuando alguien parece feliz y se vanagloria de serlo, en tanto que a la luz de lo verdadero es un desventurado, se halla a cien leguas de desear que se lo saque de su error. Por el contrario, se enoja y considera como a su peor enemigo a quien se esfuerce en tal cosa, y como un atentado y casi como un crimen a esa manera de comportarse y, como se dice, de matar su felicidad. ¿Por qué? Pues porque es víctima de la sensualidad y de un alma plenamente corporal; porque la vida no conoce más que las categorías de los sentidos: lo agradable y desagradable, y envía de paseo al espíritu, la verdad, etc.... Porque es demasiado sensual para tener la valentía, la paciencia de ser espíritu. A pesar de su vanidad y fatuidad, los hombres no poseen de ordinario más que una idea bastante pobre, o incluso ninguna, de ser espíritus, de ser ese absoluto que el hombre puede ser; pero vanidosos e infatuados, ciertamente lo son... entre sí. Imagínese una casa en cada uno de cuyos pisos –subsuelo, planta baja, primer piso– se alojaran distintas clases de habitantes y que entonces se comparara la vida en esa casa; en tal oportunidad verías preferir todavía –tristeza ridícula– a la mayoría de las gentes el subsuelo en esa casa propia. Todos somos una síntesis con destino espiritual; esa a nuestra estructura; ¿pero quien no quiere habitar el subsuelo, las categorías de lo sensual? El hombre no sólo gusta vivir allí de la mejor manera posible; gusta de ello a tal punto, que se enoja cuando se le propone el primer piso, el piso de los amos, siempre vacío y que le aguarda, pues después de toda la casa entera es suya.

Sí, estar en el error es lo que menos se teme, a diferencia de Sócrates. Hecho que ilustran, en amplia escala, asombrosos ejemplos. Tal pensador eleva una construcción inmensa, un sistema, un sistema universal que abarca toda la existencia y toda la historia del mundo, etc., pero, observando su vida privada, se descubre con sorpresa ese ridículo enorme de que él mismo no habita en ese vasto palacio de altas bóvedas, ¡sino en una granja de al lado, en una choza o, a lo sumo, en la portería! Y si se arriesga una palabra para hacerle notar esa contradicción, el pensador se enoja. ¡Pues que le importa vivir en el error, si logra terminar su sistema... con ayuda del error!

¿Qué importa pues que el desesperado ignore su estado? ¿Acaso desespera menos? Si esa desesperación es extravío, ignorarlo le agrega aun el hecho de estar a la vez en la desesperación y en el error. Esta ignorancia es a la desesperación como ella es a la angustia; la angustia de la nada espiritual se reconoce, precisamente, en la seguridad vacía del espíritu. Pero la angustia está presente en el fondo, lo mismo que la desesperación, y cuando el encantamiento de los engaños de los sentidos termina, desde que la existencia vacila, surge la desesperación que acechaba oculta.

Al lado del desesperado consciente, el desesperado sin saberlo está alejado un paso negativo más de la verdad y de la salvación. La desesperación misma es una negación, y la ignorancia de la desesperación es otra. Pero el camino de la verdad pasa por todas ellas; aquí se da, pues, lo que dice la leyenda para romper los sortilegios: hay que representar toda la pieza al revés, si no, no se rompe el encanto. Sin embargo sólo en un sentido, en dialéctica pura, el desesperado sin saberlo está más lejos realmente de la verdad y de la salvación que el desesperado consciente, que se obstina en seguir siéndolo; pues en otra acepción, en dialéctica moral, aquel que sabiéndolo permanece en la desesperación, está más lejos de la salvación, puesto que su desesperación es más intensa. Pero la ignorancia está tan lejos de romperla o de transformarla en no-desesperación que, por el contrario, puede ser su forma más preñada de peligros. En la ignorancia, el desesperado está garantizado en cierto modo, pero en propio detrimento, contra la conciencia, es decir que está en las garras firmes de la desesperación.

En esta desesperación el hombre tiene poca conciencia del espíritu. Pero precisamente esta inconsciencia es la desesperación, sea ella, por lo demás, una extinción de todo el espíritu, una simple vida vegetativa o bien, una vida multiplicada, cuyo fundamento, sin embargo, continúa siendo desesperación. Aquí, como en la tisis, cuando el desesperado se siente mejor y se cree más sano, y cuando su salud os parece quizá floreciente, el mal es peor que nunca.

Esa desesperación que se ignora es la forma más frecuente del mundo; ¡sí!, el mundo, como se le llama, o para ser más exacto, el mundo en el sentido cristiano: el paganismo y en la cristiandad el hombre natural; el paganismo de la antigüedad y el actual, constituyen precisamente ese género de desesperación, la desesperación que se ignora. El pagano, es cierto, como el hombre natural, distingue, habla de estar o no estar desesperado, como si la desesperación no fuera más que un accidente aislado de algunos. Distinción tan falaz como la que hacen entre el amor y el amor a sí mismo, como si entre ellos todo amor no fuera en su esencia amor a sí mismo. Distinción, no obstante, de la cual nunca han podido ni podrán salir, pues lo específico de la desesperación es la ignorancia misma de su propia presencia.

Por consiguiente, para juzgar de su presencia, es fácil ver que la definición estética de falta de espíritu no provee el criterio; nada más normal, por otra parte; ya que la estética no puede definir en qué consiste realmente el espíritu, ¿cómo puede ser capaz de responder a una cuestión que no le concierne? Sería también una estupidez monstruosa negar todo lo que el paganismo de los pueblos o de los individuos ha realizado de asombroso para eterno entusiasmo de los poetas; negar las proezas que ha brindado y que jamás la estética admirará bastante.

Asimismo sería locura negar la vida plena del placer estético que el hombre natural y el pagano han podido o pueden realizar utilizando todos los recursos favorables a su disposición, con el gusto más refinado, haciendo incluso servir el arte y la ciencia a la elevación, el embellecimiento, el ennoblecimiento del placer. La definición estética de falta de espíritu no da, por lo tanto, un criterio para determinar la presencia o no de la desesperación, y hay que recurrir a la definición ético-religiosa, a la distinción entre el espíritu y su contrario, la ausencia de espíritu. Todo hombre que no se conozca como espíritu, o cuyo yo interno no ha adquirido conciencia de sí mismo en Dios, toda existencia humana que no se sumerja así límpidamente en Dios y que se base nebulosamente en cualquier abstracción universal (Estado, Nación, etc.), o que ciega para sí misma, no vea en sus facultades más que energías de fuente mal explicable, y acepte su yo como un enigma rebelde a toda introspección, toda existencia de este género, por asombroso que sea lo que realice, lo que explique, incluso el universo, por intensamente que goce de la vida en esteta, incluso semejante existencia es desesperación. Era este el pensamiento de los Padres de la Iglesia cuando trataban de vicios brillantes a las virtudes paganas, queriendo decir, mediante esa afirmación, que el fondo del pagano era la desesperación y que el pagano no se conocía ante Dios como espíritu. De aquí también provenía (por tomar como ejemplo este hecho íntimamente ligado sin embargo a todo este estudio) esa extraña ligereza del pagano para juzgar e incluso para elogiar el suicidio. Pecado del espíritu por excelencia, evasión de la vida, rebeldía contra Dios. A los paganos les faltaba comprender al yo tal como lo define el espíritu, y de aquí deriva su opinión sobre el suicidio; y no obstante, eran ellos quienes condenaban con tan casta severidad el robo, la impudicia, etc.... Sin relación con Dios y sin yo, les faltaba una base para juzgar al suicidio, cosa indiferente desde el punto de vista que sostenían, pues nadie debía rendir cuentas sobre sus acciones libres. Para rechazar el suicidio, el paganismo hubiera tenido que efectuar un largo rodeo, demostrar que consistía en violar los deberes con respecto a otro. El crimen contra Dios, que es el suicidio, es un sentido que escapa enteramente al pagano. Por lo tanto no se puede decir, cosa que sería invertir absurdamente los términos, que en él el suicidio era desesperación; pero se tiene derecho a decir que su misma indiferencia sobre este punto lo era...

Aún queda sin embargo una diferencia, una diferencia de cualidad, entre el paganismo de otrora.

El desesperado consciente, pues, no debe saber y nuestros actuales paganos, aquella que Vigilius Haufniensis, a propósito de la angustia, ha destacado; si el paganismo no conoce el espíritu, sin embargo está orientado hacia él, en tanto que nuestros modernos paganos sólo carecen de él por alejamiento o traición, lo que es la verdadera nada del espíritu.

b) De la desesperación consciente de su existencia, consciente pues de tener un yo de alguna eternidad; y de las dos formas de esta desesperación, una en la cual no se quiere ser uno mismo y la otra en la cual se quiere serlo.

Una distinción se impone aquí: ¿sabe el desesperado consciente que es la desesperación? Quizá tenga razón en decirse desesperado de acuerdo a la idea que de la desesperación se ha formado, o quizá, también, está desesperado de verdad, ¿pero prueba esto que su idea sea justa? Observando su vida desde el ángulo de la desesperación, acaso pueda decirse a este desesperado: en el fondo, lo estás mucho más de lo que supones, tu desesperación aun cae más bajo. Así sucede con los paganos, recordémoslo: cuando, comparativamente a otros, uno de ellos se consideraba desesperado, su equivocación precisamente no residía en decir que lo estaba, sino en creer estarlo solo, con exclusión de los demás; le faltaba representarse verdaderamente la desesperación.

El desesperado consciente no sólo debe saber exactamente que es la desesperación, sino que ha de tener pleno conocimiento de sí mismo, ya que la lucidez y la desesperación no se excluyen. ¿La plena luz sobre sí mismo, la conciencia de estar desesperado, se deja conciliar con la desesperación misma? ¿Acaso esta lucidez en el conocimiento de nuestro estado y de nuestro yo no debería arrancarnos a la desesperación, espantarnos tanto de nosotros mismos que nos fuera preciso dejar de estar desesperados? Cuestión que aquí no se resolverá, que ni incluso se abordará, pues su lugar se encuentra más adelante. Pero sin encarar aquí esa investigación dialéctica, limitémonos a anotar la gran variabilidad de la conciencia, no sólo sobre la naturaleza de la desesperación, sino también sobre su propio estado cuando se trata de saber si es desesperación. La vida real es bastante matizada para no desprender más que abstractas contradicciones, como la existente entre los dos extremos de la desesperación: su inconsciencia total y su entera conciencia. En general, el estado del desesperado, aun cuando esté lleno de variados matices, se oculta en su propia penumbra. En su fuero íntimo duda de su estado, incluso lo intuye como cuando se siente incubar una enfermedad, pero sin gran deseo de reconocerla francamente. Durante un instante percibe casi su desesperación; otro día su malestar le parece provenir de otra parte, como de algo externo, situado fuera de él y cuyo cambio eliminará su desesperación. O quién sabe si por distracciones u otros medios: trabajo, tareas a manera de pasatiempos, trata de mantenerse en esa penumbra acerca de su estado, pero incluso aquí, sin querer ver con claridad que se distrae en esa finalidad, que obra de ese modo para no salir de tal sombra. O también, cuando se esfuerza en hundir su alma en ese estado, quizá lo sabe y pone en ello una cierta perspicacia, propósitos calculados y una dosis de psicología, pero sin lucidez profunda, sin darse cuenta de lo que hace ni que entra la desesperación en su manera de obrar, etc. Pues siempre en la sombra y en la ignorancia, el conocimiento y la voluntad prosiguen su concierto dialéctico y siempre se corre el riesgo, por definir alguno: el error de exagerar uno o la otra.

Pero como ya se ha visto, la intensidad de la desesperación crece con la conciencia. Más aún, con la verdadera idea de la desesperación se continúa estando desesperado y cuanta más conciencia clara se tiene de estarlo, continuando desesperado, más intensa es la desesperación. Cuando uno se mata con la conciencia de que matarse es desesperación, por consiguiente con una idea verdadera del suicidio, se está más desesperado que matándose sin saber verdaderamente que matarse es desesperación; sucede lo contrario cuando uno se mata con una idea falsa del suicidio, la desesperación es menos intensa. Por otra parte, cuando mayor lucidez se tiene sobre uno mismo (conciencia del yo) al matarse, más intensa es la desesperación que se tiene, comparada a la de quien se mata en un estado anímico perturbado y oscuro.

En la exposición de las dos formas de la desesperación consciente, se verá ahora crecer no sólo el conocimiento de la desesperación, sino también la conciencia de su estado en el desesperado o, lo que es lo mismo y es el hecho decisivo, se verá crecer la conciencia del yo. Pero lo contrario de desesperar es creer; lo que va se ha expuesto como fórmula de un estado en el cual la desesperación es eliminada, se encuentra, pues, siendo también fórmula de la fe: refiriéndose a uno mismo, queriendo ser uno mismo, el yo sumérjase a través de su propia transparencia en el poder que le ha planteado (véase Libro I, cap. I).

1) De la desesperación en la cual no se quiere ser uno mismo o desesperación-debilidad.

Esta designación de desesperación-debilidad ya implica una anticipación sobre la segunda forma de la desesperación: aquella en la cual se quiere ser uno mismo. De este modo, su oposición no es más que relativa. No existe desesperación enteramente sin desafío; la misma expresión *en la cual no se quiere* también lo evidencia. Y, por otra parte, hasta en el supremo desafío de la desesperación existe debilidad.

1.º DESESPERACIÓN DE LO TEMPORAL O DE ALGO TEMPORAL

Aquí estamos ante lo inmediato puro o de lo inmediato con una reflexión simplemente cuantitativa. Aquí no hay conciencia infinita del yo, de lo que es la desesperación, ni de la naturaleza desesperada del estado en que uno se encuentra; aquí, desesperar es simplemente sufrir; se soporta pasivamente una opresión exterior y la desesperación no viene de ningún modo desde dentro, como una acción. En resumen, es por un abuso del lenguaje inocente, por un juego de palabras, como cuando los niños juegan a los soldados, que en el lenguaje de lo espontáneo se emplean palabras como: el yo, la desesperación.

El hombre de lo espontáneo (si verdaderamente la vida ofrece tipos de inmediato a tal punto desprovistos de toda reflexión) no es, para definirlo y definir su yo bajo el ángulo de lo espiritual, sino una cosa más, un detalle en la inmensidad de lo temporal, una parte integrante del resto del mundo material; y ese hombre no posee en él más que una falsa apariencia de eternidad. De este modo el yo, como integrando el rasgo, puede empeñarse en desear, anhelar, gozar... y siempre resulta pasivo; incluso si desea, ese yo sigue siendo un dativo, como cuando el niño dice: yo; sin otra dialéctica que la de lo agradable y desagradable, ni otros conceptos que los de felicidad, desgracia, fatalidad.

He aquí que entonces adviene, sobreviene (sobre-venir) a ese yo irreflexivo alguna causa que le hace desesperar, algo imposible por otra vía, no teniendo el yo ninguna reflexión en sí mismo. Desde fuera debe llegarle la desesperación, la cual no es más que una pasividad. Lo que llena la vida de ese hombre inmediato o, si hay en él una sombra de reflexión, la parte de esa vida a la cual, ante todo, tiene en cuenta, se la quita de pronto *un golpe de la suerte* y, para hablar en su lenguaje, helo aquí desgraciado, es decir que semejante golpe rompe entonces en él lo inmediato, al cual ya no puede retornar: desespera. O también, aunque es bastante raro en la vida, si bien muy normal en el razonamiento, esa desesperación de lo inmediato resulta de lo que ese hombre irreflexivo llama un exceso de felicidad; lo inmediato, como tal, en efecto, es de una gran fragilidad y todo *quid nimis*, que pone a prueba la reflexión, le lleva a la desesperación, por lo tanto, desesperado, más bien, por un extraño espejismo y como instruido a fondo de su propio sujeto, dice que desespera, pero la desesperación es perder la eternidad, y de esta pérdida no dice nada, incluso ni piensa en ella. La pérdida de lo temporal no es en sí desesperación y, sin embargo, habla de ella y la llama desesperar. En un sentido, son verdaderos sus propósitos, pero no como él los entiende; colocados al revés, también hay que entenderlos a la inversa; indica lo que allí es desesperación, diciéndose a la vez desesperado y durante ese tiempo, en efecto, la desesperación se produce detrás de él a su pesar. Como alguien que da la espalda al Ayuntamiento y que lo señala delante suyo diciendo: allí, enfrente, está el Ayuntamiento; el pobre hombre dice bien: está delante suyo... pero si se da vuelta. En efecto, no está desesperado, ¡no!, aunque no se engañe llamándose tal. Pero él se trata de desesperado, se considera como muerto, como la sombra de sí mismo. Y no obstante no lo es, incluso digamos que aún hay vida en ese cadáver. Si cambiara de pronto todo, todo ese mundo exterior, y se realizara su deseo, se le verá refocilarse y de inmediato recobrar el pelo de la bestia, y nuestro hombre recomenzará a correr. Pero la espontaneidad no conoce otra manera de luchar, y sólo sabe bien una cosa: desesperar y caer en desmayo... y, sin embargo, si existe algo que ella ignora, es que es desesperación. Desespera y desmaya, luego permanece inmóvil como muerto, habilidad como la de *hacer el muerto*; pues ella asemejase a esos animales inferiores, sin más armas ni defensas que la inmovilidad y la simulación de la muerte.

Mientras tanto el tiempo pasa. Entonces, con alguna ayuda exterior, el desesperado readquiere vida, vuelve a partir del punto en el cual había aflojado, sin devenir ya un yo que no era ayer, y continúa viviendo en la espontaneidad pura. Pero sin ayuda de fuera, muy a menudo la realidad toma entonces un giro distinto. Un poco de vida retorna a pesar de todo a ese cadáver, pero, como dice, *nunca más será él mismo*. Ahora cree gustar algo de la existencia, aprende a imitar a los otros y a sus maneras de vivir... y helo aquí que vive como ellos. Y en la cristiandad es además un cristiano que los domingos va al templo, escucha al pastor y lo comprende, pues son dos compadres; y cuando muere, el otro, por diez *rixdales*, lo introduce en la eternidad.

Pero en cuanto a ser un yo, nunca lo ha sido, ni antes ni después.

Ésta es la desesperación de lo inmediato: no querer ser uno mismo, o más bajo aún: no querer ser un yo o, forma la más ínfima de todas: desear ser otro, desearse un nuevo yo. La espontaneidad, en el fondo, no tiene ninguno y no conociéndose, ¿cómo podría reconocerse? De este modo su aventura a menudo toma un giro burlesco. El hombre de lo inmediato, desesperando, incluso no posee suficiente yo para desear o soñar haber sido al menos aquel que no ha llegado a ser. Entonces se ayuda de otra manera, deseando ser otro. Obsérvese, para convencerse, a las gentes de lo espontáneo: a la hora de la desesperación, el primer deseo que les llega es haber sido o devenir otro. En todo caso, ¿cómo no sonreír ante un desesperado de esta clase, cuya misma desesperación, a la mirada de los hombres, permanece a pesar de todo siendo bastante anodina? Generalmente ese hombre es de una comicidad sin límites. Figúrese un yo (y nada es, después de Dios, más eterno que el yo), y que ese yo se ponga a pensar en los medios de trastornarse en otro... distinto a él mismo. Y ese desesperado, cuyo único deseo es esa metamorfosis, la más descabellada de todas, de pronto está enamorado —sí, enamorado— de la ilusión de que el cambio le sería tan fácil como cambiar de traje. Pues el hombre de lo inmediato no se conoce a sí mismo; literalmente no se conoce más que por el hábito, no reconoce un yo (y aquí se encuentra su comicidad infinita) más que a su vida exterior. No podría hallarse un desprecio más ridículo; pues, precisamente, es infinita la diferencia entre el yo y sus exteriores. Como toda esta vida ha sido cambiada para el hombre de lo inmediato, y ha caído en la desesperación, da un paso más, le acude la idea y le sonríe: ¡Toma! ¿Si me convirtiera en otro? ¿Si me ofreciera un nuevo yo? Sí, ¿si deviniera otro? ¿Pero sabría reconocerse luego? Cuéntese que un campesino, que llegara descalzo a la ciudad, ganó en ella tantas monedas que pudo comprarse medias y botines, quedándole aún bastante para emborracharse. La historia dice que entonces, ebrio y con deseos de regresar, cayó en medio del camino y se durmió. Diese que pasara un coche, y el cochero comenzó a gritarle que se moviera si no quería que le rompiese las piernas. Entonces nuestro borracho se despertó; y mirando sus piernas y no reconociéndolas, gritó: *Pasa cuando quieras; no son mías*. Así hace el hombre de lo inmediato que desespera: es imposible imaginarlo en la realidad de otro modo que siendo cómico, pues a fe mía que ya es una especie de malabarismo hablar en su jerga de un yo y de la desesperación.

Cuando se supone lo inmediato mezclado con alguna reflexión sobre sí, la desesperación se modifica un poco; entonces el hombre un poco más consciente de su yo, lo es también por esto un poco más sobre lo que es desesperación y la naturaleza de su propio estado; que hable de estar desesperado ya no es absurdo: pero siempre es en el fondo desesperación-debilidad, un estado pasivo; y su forma continúa siendo aquella en que el desesperado no quiere ser el mismo.

El progreso, aquí, sobre el puro inmediato, es ya que la desesperación no surge siempre de un choque, de un acontecimiento, sino que puede ser debida a esa reflexión, a esa misma reflexión sobre sí, y que ya no es entonces una simple sumisión pasiva a causas externas, sino, en cierta medida, un esfuerzo personal, un acto. Es verdad que hay aquí un cierto grado de reflexión interna y, por lo tanto, de retorno al yo; y este comienzo de reflexión abre esa acción de retraimiento en que el yo se da cuenta de su diferencia íntima con el resto del mundo exterior, comienzo que abre también la influencia de esa elección sobre el yo. Pero esto no lo lleva muy lejos. Cuando ese yo, con su bagaje de reflexión, trata de resumirse íntegramente, corre el riesgo de tropezar con alguna dificultad en su estructura profunda, en su necesidad. Pues ningún yo, al igual que cualquier cuerpo humano, no es perfecto. Esta dificultad, cualquiera sea ella, le hace retroceder de espanto. O entonces algún suceso marca una ruptura más profunda de su yo con lo inmediato de lo que pudo hacerlo su reflexión o también su imaginación descubre un posible que, si sobreviniera, rompería igualmente lo inmediato.

Entonces desespera. Su desesperación es la desesperación-debilidad, sufrimiento pasivo del yo, contrario a la desesperación en la cual el yo se afirma; pero gracias al pequeño bagaje de reflexión sobre sí, intenta —también aquí diferente de lo espontáneo puro— defender su yo. Comprende qué trastorno sería abandonarse a ella y no la hace una apoplejía como el hombre de lo inmediato, pues su reflexión la ayuda a comprender que se puede perder mucho, sin perder sin embargo su yo; hace concesiones e incluso está en condiciones de hacerlas, habiendo efectuado bastante bien la partida de su yo y de toda exterioridad, y presintiendo vagamente que debe haber en el yo una porción de eternidad. Pero inútilmente puede debatirse: la dificultad hallada exige una ruptura con todo lo inmediato y para ello no posee bastante reflexión ética, no tiene ninguna conciencia de un yo a adquirir por una abstracción infinita que lo saque de toda exterioridad, de un yo abstracto y desnudo, contrario del yo vestido de lo inmediato, primera forma del yo infinito y motor de ese proceso sin fin, en el cual el yo asume infinitamente su yo real con sus cargos y beneficios.

Por lo tanto desespera, y su desesperación consiste en que no quiere ser él mismo. No porque se empecine en el ridículo de querer ser otro; no rompe consigo mismo; sus relaciones recuerdan aquí los sentimientos que habría tenido alguien por su domicilio (lo cómico está en que el vínculo con el yo nunca es tan flojo como el de un hombre con su domicilio), si le disgustara en su domicilio el humo o una cosa cualquiera; ese hombre lo deja pues, pero sin abandonarlo, sin alquilar otro, persistiendo en considerarlo como suyo, descontando que el inconveniente pasará. De igual manera nuestro hombre desespera. Mientras dura la dificultad, según la expresión literal, no se atreve a retornar a sí mismo, no quiere ser él mismo; pues es cosa que sin duda pasará, que quizá cambiará; ese sombrío posible dejará que se olvide. Esperanzado, mientras tanto no lo hace, por así decir, más que raras visitas a su yo, con el propósito de ver si no se ha producido un cambio. Y desde el momento en que se produce, vuelve a instalarse en él; como dice: *se vuelve a encontrar*, queriendo solamente decir que vuelve a asirse el punto en que aflojó; no tenía más que una sospecha del yo; nada más ha ganado.

Pero si nada cambia, se arregla de otro modo. Da completamente la espalda al camino interno que habría de tomar para ser verdaderamente un yo. Toda cuestión del yo, de lo verdadero; es entonces como una puerta vedada en lo más profundo de su alma. Sin nada detrás. Asume lo que en su jerga se llama su yo, es decir que ha podido tocarle de dones, talentos, etc. todo esto lo sume pero dirigido al exterior, hacia lo que se llama la vida, la vida real, la vida activa; sólo tiene relaciones prudentes con la escasa reflexión sobre él mismo que retiene, y teme que reaparezca lo que se ocultaba en último plano. Lentamente logra entonces olvidarlo; con el tiempo casi lo encuentra ridículo, sobre todo cuando se halla en buena sociedad, con otras gentes de acción y de valor, poseyendo el gusto y el entendimiento con la realidad. ¡Encantador! Helo aquí como en las novelas felices, casado ya desde hace varios años, hombre activo, de empresa, padre de familia y ciudadano, incluso quizá gran hombre; en su casa, hablando de él, sus criados le prestan un yo: *El señor mismo*; es un notable; su apostura sabe dar todo lo debido a las personas, sin olvidar lo correspondiente a su propia persona; a juzgar por ese debido, no cabe duda de que es una persona. Y en la cristiandad es un cristiano (de igual modo como sería pagano en el paganismo y holandés en Holanda) que forma parte de los cristianos bien educados. El problema de la inmortalidad a menudo le ha ocupado y más de una vez preguntó al pastor si realmente existe, si realmente se reconociera en ella; punto que bien puede interesarle muy especialmente, puesto que no tiene yo.

¡Cómo describir de verdad esta clase de desesperación sin un grano de sátira! Su comicidad está en que ha hablado de ella en pasado; y lo terrible, en que después de haberla superado, como él cree, sea su estado precisamente desesperación. Lo cómico infinito, en esta sapiencia práctica, tan elogiada en el mundo, en todo ese sagrado kyrielle de buenos consejos y de proverbios prudentes, todos esos *se verá, uno se arreglará, a pasar al libro del olvido* etc., en un sentido ideal, es estupidez completa, que no sabe dónde está el verdadero peligro ni en qué consiste. Pero también allí lo terrible es esa estupidez ética.

La desesperación de lo temporal o de algo temporal es el tipo más extendido de desesperación y sobre todo en su segunda forma, como inmediato mezclado con un poco de reflexión sobre sí mismo. Cuanto más se impregna la desesperación de reflexión, menos visible es aquí abajo, o menos se encuentra. Tan cierto es esto, que la mayoría de los hombres no penetran muy a fondo en su desesperación, lo que no prueba que no la tengan. ¡Muy raros son aquellos cuya vida, y aún débilmente, tenga un destino espiritual! ¡Cuántos procuran lograrlo y entre estos últimos, cuántos no abandonan el empeño! No habiéndolo aprendido, ni por temor ni por imperativo, todo lo demás les es indiferente, infinitamente indiferente. Por esto no se empeñan mucho en preocuparse por sus almas y querer ser espíritu –una contradicción a sus ojos, que el espejo del medio les devuelve aún más ruidosa–, ya sea ello para el mundo una pérdida de tiempo pérdida inexcusable que tendrían que penar las leyes o al menos un acto que hay que marcar con el desprecio o el sarcasmo, como una traición a la humanidad, como un absurdo desafío llenando el tiempo con una vaciedad loca. Entonces llega una hora en sus vidas, y –¡ay!– es la mejor, en que a pesar de todo penetran en una orientación interior. Pero apenas encuentran los primeros obstáculos, vuelven atrás, pareciéndoles el camino una vía que conduce a un desierto desolado... un *rings umher liegt schone grüne wiede*. Se vuelven pues, y rápidamente olvidan ese tiempo, que fue su mejor tiempo –¡ay!– y lo olvidan, como se hace con una niñería. Además son cristianos, tranquilizados por los pastores en la cuestión de la salvación. Como se sabe, esa desesperación es la más corriente, incluso tan común que, por sí misma, explica la idea que anda por las calles de que la desesperación es exclusivamente un gaje de los jóvenes y no debería hallarse en el hombre maduro, llegado a la cima de la vida. Es esta una opinión desesperada, que se descarría o, más bien, que se engaña, sin ver –sí, sin ver, cosa peor, pues aquello que no se ve es sin embargo lo mejor que casi puede decirse de los hombres, visto que más a menudo es peor lo que sucede– que la mayoría de ellos, mirándolos a fondo, no superan en toda su vida su estado infantil y juvenil: la vida inmediata, teñida de una ligera dosis de reflexión sobre sí mismo. No, la desesperación no es verdaderamente algo que sólo se encuentra en los jóvenes y que no nos abandona al crecer, *como la ilusión que agrandándose se pierde*. Pues es esto lo que hace, incluso con la tontería de creerlo. Por el contrario ¡cuántos, hombres, mujeres y viejos aparecen llenos de ilusiones pueriles como cualquier jovenzuelo! En efecto, se omite las dos formas de la ilusión, la de la esperanza y la del recuerdo. Los jóvenes tienen la primera, los viejos la segunda; pero también los últimos son presa de ella por el hecho de que se hace sobre la misma una idea muy particular: de que no tiene más que la forma de la esperanza. Naturalmente no es ésta la que los atormenta, sino es otra, en revancha bastante divertida, desde un punto de vista expuestamente superior y desilusionado, su desprecio por la ilusión de los jóvenes. La juventud vive en la ilusión, esperando de la vida y de ella misma lo extraordinario; por el contrario, en los viejos la ilusión reduce a menudo a su manera de recordar la juventud. Una anciana, que por su edad debería estar libre de ello, con frecuencia húndase tanto como una joven en las ilusiones más imaginarias, cuando en el recuerdo se figura sus años de joven, cuán feliz era entonces, cuán linda era, etc.... Ese *fuimus* tan frecuente en sus labios de vieja equivale a la ilusión de los jóvenes dirigida hacia el futuro; en una y otros: mentira o poesía.

Pero un error, de muy distinta manera desesperado, consiste en creer que la desesperación es únicamente gaje de los jóvenes. Y de modo general –además que es desconocer la naturaleza del espíritu y desconocer asimismo que el hombre no es más que una simple criatura animal... aunque también un espíritu–, qué estupidez pensar que la fe y la sabiduría pueden venirnos también despreocupadamente, sin más, con los años, al igual que los dientes, la barba y el resto. No adonde lleguen fatalmente los hombres y sea lo que fuere lo que les advenga, una sola cosa escapa a la fatalidad: la fe y la sabiduría. Pues nunca, si se trata del espíritu, la simple fatalidad aporta algo al hombre, pues el espíritu, precisamente, no tiene otro enemigo más hostil que ella; pero perder, por el contrario, nada es más fácil con los años. Con ellos huye, quizá sin más, lo poco de pasiones, sentimientos e imaginación, lo poco de interioridad que se tenía, y sin más (pues tales cosas suceden sin más), colóquese uno bajo las banderas de la trivialidad, que cree comprender la vida. Este estado de mejoramiento, debido claro está a los años, el hombre lo considera ahora como un bien en su desesperación y asegurase sin pena (y en un sentido, pero satírico, nada más seguro) que nunca más tendrá la idea de desesperar. ¡No! Él se lo garantiza, estando en esa desesperación que es el vacío espiritual. En efecto, ¿Sócrates habría amado a los jóvenes si no hubiese conocido al hombre?

Y si no siempre sucede que un hombre con el tiempo cae en la más trivial desesperación, ¿acaso significa esto que desesperar sólo está reservado a los jóvenes? El hombre que verdaderamente progresa con la edad, que madura la conciencia profunda de su yo, quizá pueda alcanzar una forma superior de desesperación. Y si no hace a lo largo de la vida más que progresos mediocres, no hundiéndose a la vez en la pura y simple trivialidad; si, por así decir, sobrevive un joven en el hombre, en el padre y en el anciano; si conserva siempre un poco de las promesas de la juventud, siempre correrá el riesgo de desesperar, como un joven, de lo temporal o de algo temporal.

La diferencia, si es que existe alguna, entre la desesperación de un hombre de edad como él y la de un joven, no es más que secundaria, puramente accidental. El joven desespera del porvenir como de un presente *in futuro*; hay algo en el porvenir con lo cual no quiere cargarse y con que él no quiere ser el mismo. El hombre de edad desespera del pasado, pues su desesperación no llega hasta el olvido total. Este hecho pasado es quizás incluso algo cuyo arrepentimiento, ante todo habría que haber desesperado, fructuosamente desesperado hasta el fin, y la vida espiritual podría entonces surgir de las profundidades. Pero nuestro desesperado no se atreve a dejar que las *esas* vayan hasta semejante decisión. Y permanece allí, pasa el tiempo, a menos que no logre, más desesperado todavía, a fuerza de olvido, cicatrizar el mal, convirtiéndose de este modo en su propio encubridor, en lugar de un penitente. Pero sea hombre de edad o joven, la desesperación es la misma: no se llega a una metamorfosis de lo que hay de eternidad en el yo, haciendo posible esta lucha exterior a la conciencia, que intensifica la desesperación hasta una forma aún más elevada, o que conduce a la fe.

¿No existe pues una diferencia esencial entre esos dos términos empleados hasta aquí como idénticos?: la desesperación de lo temporal (indicando la totalidad) y la desesperación de algo temporal (¿indicando un hecho aislado?). Pues sí. Desde el momento en que el yo, con una pasión infinita en la imaginación desespera de algo temporal, la pasión infinita realza ese detalle, ese algo, hasta recubrir lo temporal *in toto*, es decir que la idea de totalidad está en el desesperado y depende de él. Lo temporal (como tal) es precisamente lo que se desmorona en el hecho particular. En la realidad es imposible perder todo lo temporal o quedar privado de él, pues la totalidad es un concepto. Por lo tanto, el yo desarrolla ante todo la pérdida real hasta el infinito, y luego desespera de lo temporal *in toto*. Pero desde el momento en que se quiere investir de todo su valor a esta diferencia (entre desesperar de todo lo temporal y desesperar de algo temporal), se hace hacer al mismo tiempo un progreso capital a la conciencia del yo. Esta fórmula de la desesperación de lo temporal deviene entonces una primera expresión dialéctica de la siguiente fórmula de la desesperación.

2.º DESESPERACIÓN EN CUANTO A LO ETERNO O DE SÍ MISMO

Desesperar de lo temporal o de algo temporal, si verdaderamente es desesperación, resulta en el fondo lo mismo que desesperar en cuanto a lo eterno y de sí mismo, fórmula de toda desesperación. Pero el desesperado, que se ha descrito, no sospecha en suma lo que sucede a su espalda; creyendo desesperar de algo temporal, habla incesantemente de aquello por lo que desespera, pero en realidad su desesperación refiérase a la eternidad; pues dando tanto valor a lo temporal o, más explícitamente, a algo temporal, o dilatándolo ante todo a la totalidad de lo temporal, y dando luego a esta totalidad tanto valor es como entonces desespera en cuanto a la eternidad.

Esta última desesperación es un progreso considerable. Si la otra era desesperación-debilidad; aquí el hombre desespera de su debilidad, pero su desesperación aún tiene desesperación-debilidad, como diferente de la desesperación-desafío. Por lo tanto, diferencia sólo relativa; la forma precedente no superaba la conciencia de la debilidad, mientras que aquí la conciencia va más lejos y se condensa en una nueva conciencia, la de su debilidad. El desesperado ve por sí mismo su debilidad de tomar tan a pecho lo temporal, su debilidad de desesperar. Pero en lugar de dirigirse entonces francamente de la desesperación a la fe, humillándose ante Dios bajo esa debilidad, se hunde en la desesperación y desespera de ella. Por eso cambia su punto de vista: siempre más consciente de su desesperación, sabe ahora que desespera en cuanto a lo eterno, que desespera de sí mismo, de su debilidad de hacerle tanto caso a lo temporal, lo que para su desesperación equivale a la pérdida de la eternidad y de su yo.

Aquí hay progreso. Primero en la conciencia del yo; pues es imposible desesperar en cuanto a lo eterno sin una idea del yo, sin la idea que hay o ha habido eternidad en él. Y para desesperar de sí mismo, también es necesario que se tenga conciencia de poseer un yo; y, sin embargo, es de ello que el hombre desespera no de lo temporal o de algo temporal, sino de él mismo. Además aquí hay más conciencia de lo que es la desesperación, que no es en efecto otra cosa que la pérdida de la eternidad y de sí mismo. Naturalmente el hombre también tiene más conciencia de la naturaleza desesperada de su estado. Al presente, la desesperación no es sólo un mal pasivo, sino una acción. En efecto, cuando el hombre pierde lo temporal y desespera, la desesperación parece llegar de afuera, aunque viviendo siempre del yo; pero cuando el yo desespera de esa última desesperación, tal desesperación viene del yo, como una reacción indirecta y directa y difiere por esto de la desesperación-desafío, que brota del yo. Anotemos aquí, finalmente otro progreso. Su mismo crecimiento de intensidad aproxima esta desesperación en un sentido a la salud. Pues su profundidad misma la guarda del olvido; al no cicatrizar, salvaguarda en todo instante una posibilidad de salvación.

Sin embargo, esa forma no se refiere menos a la de la desesperación en la cual se quiere ser uno mismo. Como un padre que deshereda a su hijo, el yo se niega a reconocerse después de tanta debilidad. Desesperado, no puede olvidarla, en un sentido se aborrece, no queriendo humillarse bajo su peso, como el creyente, para volverse a encontrar de este modo; no, en su desesperación, ya no quiere oír hablar de sí mismo, no quiere saber nada de sí mismo. Pero tampoco podría tratarse de una ayuda del olvido; tampoco, gracias al olvido, podría deslizarse al clan a-espiritual y vivir entonces en hombre y cristiano común; no, para esto, el yo es demasiado yo. Como a menudo sucede con el padre que deshereda a su hijo y que nada ha adelantado con ese gesto exterior, no habiéndose desembarazado, con el de su hijo, al menos no habiendo liberado de él a su pensamiento pero aun más a menudo como un amante que maldice al hombre que ella odia (y que es su amigo), pero a quien el maldecir no ayuda nada y más bien la encadenaría; así le sucede a nuestro desesperado frente a su yo.

Esa desesperación, en un grado más profunda que la precedente, es de las que con menos frecuencia se encuentran en el mundo. Esa puerta vedada detrás de la cual no había más que la nada, es aquí una verdadera puerta, pero además con cerrojos, y detrás de ella el yo, como pendiente de sí mismo, se ocupa y engaña el tiempo negándose a ser él mismo, aunque siéndolo bastante para amarse. Esto es lo que se llama *el hermetismo*, del cual nos ocuparemos ahora, ese contrario de lo espontáneo puro, al cual desprecia por su debilidad intelectual.

¿Pero existe en la realidad un yo semejante? ¿No ha huido al desierto, el convento o el manicomio? ¿Es un ser viviente vestido como los demás, o que se oculta como ellos bajo el manto de todos los días? ¡Voto a...! ¿Y por qué no? Sólo que en los secretos de su yo nadie está iniciado, incluso ni un alma, pues no siente la necesidad de que tal cosa suceda, o sabe rechazarla. Pero escuchadle más bien a él mismo: Únicamente los espontáneos puros —aquellos que por el espíritu se encuentran casi en el mismo punto que los pequeñuelos, quienes con amable despreocupación no saben retener nada en el cuerpo—, únicamente los espontáneos puros no saben ocultar nada. Es esa espontaneidad, que tan a menudo se pretende *verdad, naturalidad, sinceridad, franqueza sin ambages*, la que es casi tan verdadera como sería mentira en el adulto no contenerse cuando el cuerpo experimenta una necesidad natural. Todo yo, por poca reflexión que tenga, posee sin embargo la idea de dominarse. Y nuestro desesperado tiene el suficiente hermetismo para mantener a raya a los importunos, es decir a todo el mundo, de los secretos de su yo, sin perder por ello el aire de *un viviente*. Es un hombre culto, casado, padre de familia, un funcionario de carrera, un padre respetable, de trato agradable, muy tierno con su mujer, la solicitud misma con respecto a sus hijos. ¿Y cristiano también? Pues sí, a su manera, aunque prefiere no decir una palabra al respecto, si bien dejó con benevolencia y cierta alegría melancólica que su mujer, para edificarse, se ocupe de religión. El templo no lo ve muy a menudo y la mayoría de los pastores le parecen personas que no saben a fondo de qué hablan. Salvo uno, confiesa, qué sabe de qué habla; pero otra razón no le permite ir a oírle, el temor de que no lo arrastre demasiado lejos. Por el contrario, muy a menudo le domina una necesidad de soledad, tan vital para él a veces como respirar, o a veces, de dormir. Que tenga esa necesidad vital con más fuerza que el común de las gentes, es en el otro signo de una naturaleza más profunda. La necesidad de soledad prueba siempre en nosotros la espiritualidad y sirve para medirla. *Ese pueblo descabellado de hombres que no lo son, ese ganado de inseparables* siente tan poco semejante necesidad que, como cotorras, mueren cuando están solos; como el niñito que no se duerme si no se le canturrea, necesitan el gorjeo tranquilizador de la sociabilidad para comer, beber, dormir, rogar y sentirse enamorados, etc.... Pero ni la antigüedad ni la Edad Media descuidaban esa necesidad de soledad, se respetaba lo que expresa. Nuestra época, con su sempiterna sociabilidad, tiembla tanto delante de la soledad, que no sabe (¡qué epigrama!) servirse de ella más que contra los criminales. Es cierto que, en nuestros días, es un crimen entregarse al espíritu y, por lo tanto, nada es más regular si nuestras gentes, amantes de la soledad, se clasifican entre los criminales.

Ocupado de la relación de su yo consigo mismo, el desesperado hermético empeñase en vivir entonces *horis successivis*, horas que tienen algo que ver con la eternidad, aunque no vividas para ella; en el fondo no avanza. Pero pasadas esas horas, y calmada su necesidad de soledad, es como si saliese... incluso cuando entra para encontrar mujer e hijos. Lo que hace de él un marido tan tierno, un padre tan solícito es, además de su fondo bonachón y su sentido del deber, esa confesión que en lo más profundo de sí mismo él se ha hecho sobre su debilidad.

Suponiendo que se logra sus confidencias y se le dice: *¡Pero tu hermetismo es orgullo! ¡En el fondo estás orgulloso de ti mismo!*, sin duda alguna no os lo confesará. Sólo consigo mismo, reconocerá que acaso no se esté equivocado; pero la pasión de su yo por penetrar su debilidad pronto le daría la ilusión de que no puede ser eso orgullo, puesto que precisamente desespera de su debilidad... como si no fuera orgullo atribuir ese peso enorme a la debilidad, como si la voluntad de enorgullecerse de su yo no le evitara soportar esa conciencia de su debilidad. Y si se le dijera: *He aquí una extraña complicación, un extraño embrollo; pues todo el mal, en el fondo, proviene de la manera con que se liga el pensamiento, pues si no nada sería más normal para ti, precisamente, que el camino por donde pasar que, por la desesperación del yo, te conduciría a tu yo. Lo que dices de la debilidad es exacto, pero no debes desesperar por ella; hay que romper el yo para llegar a ser uno mismo; deja pues de desesperar.* Estas opiniones le harían confesar en un minuto de tranquilidad, pero de nuevo la pasión desviaría pronto su mirada y otro falso viraje le arrojaría en la desesperación.

Un desesperado semejante, como ya se ha dicho, no corre por las calles. Pero si no permanece allí, moviéndose únicamente en el mismo sitio, si no se produce en él, por otra parte, una revolución que le lleve al buen camino de la fe, entonces, o su desesperación se condensará en una forma superior, pero siempre hermética, o bien estallara arruinando el disfraz exterior con el cual se envolvía su vida como con un incógnito. En ese caso se le verá lanzarse en la existencia, quizás en la diversión de grandes empresas, llegando a ser uno de esos espíritus inquietos cuya carrera —¡ay!— deja más de una huella; en uno de esos espíritus siempre en procura de olvido y que, ante el caos interior, quieren poderosos remedios, aunque de una especie distinta a los de Ricardo III, huyendo de las maldiciones de su madre. O también buscará el olvido en los sentidos, acaso en el libertinaje, para retornar en su desesperación a lo espontáneo, pero siempre con la conciencia del yo que no quiere ser. En el primer caso, cuando la desesperación se condensa, se dirige al desafío, y entonces se ve bien qué suma de mentira ocultaban sus quejas de debilidad y que verdad dialéctica es pretender que el desafío se expresa siempre en primer término por la desesperación de ser débil.

Pero dirijamos una última mirada al fondo de ese taciturno que no hace más que agitarse en su taciturnidad. Si la mantiene intacta, *omnibus numeris absoluta*, el suicidio es su primer riesgo. El común de los hombres no tiene naturalmente la menor sospecha de lo que puede hacer sufrir semejante hermetismo; quedarían se estupefactos si lo supiesen. Tan cierto es que corre el riesgo, ante todo, del suicidio. Que hable a alguien, por el contrario, que se abra a uno solo y entonces se dará en él tal alivio, una pacificación tal, que él suicidio dejará de ser la salida del hermetismo. Ya un confidente, uno solo, basta para rebajar en un tono el hermetismo absoluto. Entonces el suicidio presenta posibilidades de ser evitado. Pero la confidencia misma puede dar lugar a la desesperación, pues el hermético entonces encuentra que hubiese sido infinitamente mejor soportar el dolor de callarse, antes que darse un confidente. Hay ejemplos de herméticos llevados precisamente a la desesperación por haber tenido un confidente. Entonces el suicidio puede darse a pesar de todo. Un poeta podría también disponer la catástrofe de manera de hacer matar al confidente por el héroe (suponiendo *poetice* a este último rey o emperador). Podría imaginarse un déspota demoníaco con esa necesidad de abrirse a alguien de sus tormentos y que empleara por turno a un grupo de confidentes, siendo una muerte segura llegar a serlo: la confidencia termina, se los mataría. Tema para un poeta describir, en esta forma, esa contradicción dolorosa de un demoníaco, a la vez incapaz de pasarse sin confidente y de soportar a uno.

2) De la desesperación en la cual se quiere ser uno mismo o desesperación-desafío.

Como se ha demostrado que se podía calificar de femenina a la desesperación-debilidad, también se puede tratar a ésta de masculina. Por tal motivo, en relación a la precedente, aún es también desesperación, vista bajo el ángulo del espíritu. Pero la virilidad, precisamente, es también del resorte del espíritu, al contrario de la femineidad, síntesis interior.

La desesperación descrita en el párrafo (I, **2.º**) era desesperación por ser débil, en la cual el desesperado no quiere ser él mismo. Pero sólo en un grado dialéctico más, si ese desesperado sabe finalmente por qué no quiere serlo, entonces todo se trastrueca y tenemos el desafío, precisamente porque, desesperado quiere ser él mismo.

En primer término viene la desesperación de lo temporal o de algo temporal; luego la desesperación de sí mismo en cuanto a la eternidad. Después llega el desafío que, en el fondo, es desesperación gracias a la eternidad, y en la cual el desesperado abusa desesperadamente de la eternidad inherente al yo para ser él mismo. Pero precisamente porque se ayuda con la eternidad, es que esa desesperación se aproxima tanto a la verdad suya a causa de que está tan próximo a ella, el desesperado va infinitamente lejos. Esa desesperación, que conduce a la fe, no existiría sin ayuda de la eternidad; gracias a ella, el yo encuentra el coraje de perderse para volver a encontrarse; aquí, por el contrario, se niega a comenzar por perderse, pero quiere ser él mismo.

En esta forma de desesperación, se tiene de más en más conciencia de su yo y, por lo tanto, de más en más sobre lo que es la desesperación y de la naturaleza desesperada del estado en que uno se encuentra; aquí la desesperación tiene conciencia de ser un acto y no llega de afuera como un sufrimiento pasivo; bajo la presión del ambiente, sino que surge directamente del yo. Y así, en relación a la desesperación por ser débil, ese desafío es verdaderamente una calificación nueva.

La desesperación en la cual se quiere ser uno mismo exige la conciencia de un yo infinito, que en el fondo no es más que la forma más abstracta del yo, la más abstracta de sus posibles. Es ese el yo que el desesperado quiere ser, desprendiéndolo de toda relación con un poder que lo ha planteado, arrancándolo a la idea de la existencia de un poder semejante. Con ayuda de esa forma infinita, el yo quiere desesperadamente disponer de sí mismo o, creador de sí mismo, hacer de su yo el yo que él quiere devenir, elegir lo que admitirá o no en su yo concreto. Pues éste no es una concreción cualquiera, es la suya, y ella comporta, en efecto, necesidad, límites, es un determinado preciso, particular, con sus cualidades, sus recursos, etc., surgido de hechos concretos, etc. Pero con ayuda de la forma infinita que es el yo negativo, primero el hombre se empecina en transformar ese todo para lograr así un yo a su gusto, producido gracias a esa forma infinita del yo negativo... después de lo cual quiere ser él mismo. Es decir, que desea empezar un poco antes que los demás hombres, no por el principio, ni con él, sino al *comienzo*; y negándose a endosar su yo, a ver su tarea en ese yo que le ha tocado en suerte, quiere mediante la forma infinita que se encarniza en ser, construir él mismo su yo.

Si fuese necesaria una etiqueta general para esta desesperación, podrías llamarla estoica, sin pensar únicamente en la secta. Y para mayor claridad aún, podrías distinguir un yo activo y un yo pasivo, y se vería cómo el primero se relaciona a sí mismo y cómo el segundo, en su sufrimiento pasivo, se refiere también a sí mismo: la fórmula, por lo tanto, continúa siendo siempre la de la desesperación en la cual se quiere ser uno mismo.

Si el yo desesperado es un yo activo, su relación consigo mismo no es en el fondo más que experimental, por grande y asombroso que sea lo que emprenda y por tenaz que sea. No reconociendo a ningún poder por encima de él, carece interiormente de seriedad, o no puede fabricar por obra de magia más que una apariencia, cuando él mismo pone en sus experiencias todos sus más ambiciosas preocupaciones. Esto no es más que una seriedad fraudulenta: como el fuego robado por Prometeo a los dioses... aquí se roba a Dios el pensamiento que nos observa, y en ello está la seriedad; pero el desesperado no hace más que mirarse, pretendiendo conferir de este modo a sus empresas un interés y un sentido infinitos, en tanto que no es más que un hacedor de experiencias. Pues sin llevar su desesperación hasta erigirse experimentalmente en Dios, ningún yo derivado puede, mirándose, prestarse más de lo que posee; en última instancia, allí no hay nunca más que el yo, incluso multiplicándolo, el yo ni más ni menos. En este sentido, en su desesperado esfuerzo por ser él mismo, el yo se hunde en su contrario, hasta terminar por no ser más un yo. En toda la dialéctica que encuadra su acción no hay ningún punto fijo; lo que es el yo, en ningún momento permanece constante, de una eterna constancia. El poder que ejerce su forma negativa desliga tanto como liga; cuando quiere, puede volver a partir del principio y cualquiera que sea la consecuencia que ponga en perseguir un pensamiento, su acción siempre continúa siendo una hipótesis. Lejos de lograr ser cada vez más él mismo, por el contrario se revela de más en más un yo hipotético. En él el yo es amo, como se dice, absolutamente el amo, y la desesperación es eso, pero al mismo tiempo también lo que él considera su satisfacción, su gozo. Pero un segundo examen os convence sin esfuerzo que ese príncipe absoluto es un monarca sin reino, quien, en el fondo, no gobierna nada; su situación, su soberanía está sometida a esta dialéctica: que en todo instante es legítimo el motín. Al fin de cuentas, en efecto, todo depende de la arbitrariedad del yo.

El hombre desesperado, pues, no hace más que construir castillos en el aire y tomárselas siempre con molinos de viento. ¡Hermoso brillo el de todas esas virtudes de hacedor de experiencias! Encantan un momento como un poeta de Oriente; tanto dominio de sí, esa firmeza de roca, toda esa ataraxia, etc., confinan con la fábula. Y es fábula de verdad, sin nada detrás. En su desesperación, el yo quiere agotar el placer de crear él mismo, de desarrollarse por sí mismo, de existir por sí mismo, reclamando el honor del poema, de una trama tan magistral, en resumen, por haberse sabido comprender tan bien. Pero lo que entiende por esto, en el fondo, permanece siendo un enigma; en el instante mismo en que cree terminar el edificio, todo puede desvanecerse, arbitrariamente, en la nada.

Si el yo que desespera es pasivo, la desesperación continúa siendo sin embargo aquella en la cual se quiere ser uno mismo. Acaso un yo experimentador como el que se ha descrito, queriendo orientarse de antemano en su yo concreto, choca con alguna dificultad, con algo que los cristianos llamarían *una cruz*, un mal fundamental, cualquiera que sea, por otra parte. El yo, que niega los datos concretos inmediatos del yo, quizá comenzará por tratar de arrojar ese mal por la borda, de simular que no existe, y no querrá saber nada de él. Pero fracasa, su habilidad en las experiencias no llega hasta ello, ni incluso su destreza de abstracto; como Prometeo, el yo negativo infinito se siente clavado a esa servidumbre interna. Por lo tanto, tenemos aquí un yo pasivo. ¿Cómo se revela entonces la desesperación en la cual se quiere ser uno mismo?

Recordemos: en esa forma de la desesperación, descrita anteriormente, que es la desesperación de lo temporal o de algo temporal, se ha demostrado que en el fondo es y se revela también desesperación en cuanto a la eternidad; es decir, que no se desea ser consolado ni curado por la eternidad, que se da tanto precio a lo temporal, que la eternidad no puede ser ningún consuelo. ¿Pero no es otra forma de la desesperación negarse a esperar como posible que una miseria temporal, una cruz de aquí abajo pueda sernos quitada? Es lo que niega ese desesperado que, en su esperanza, quiere ser él mismo. Pero si está convencido que esa espina en la carne (exista verdaderamente o su pasión lo persuada de su existencia) penetra demasiado profundamente para que él pueda eliminarla por abstracción, entonces desearía hacerla eternamente suya. Se transforma para él en un motivo de escándalo o, más bien, le da la oportunidad de hacer de toda la existencia un motivo de escándalo; entonces, por desafío, quiere ser él mismo, no a pesar de ella, ser él mismo sin ella (lo que sería eliminarla por abstracción, cosa que no puede, u orientarse hacia la resignación). ¡No! Quiere, a despecho de ella, incluirla y sacar como insolencia de su tormento. Pues suponer una posibilidad de socorro, sobre todo por medio de ese absurdo de que a Dios todo le es posible, eso no. ¡No!, ¡no!, no lo quiere. Por nada en el mundo buscaría en otro, deseando más –incluso con todos los tormentos del infierno– ser él mismo que clamar socorro.

¿Y, verdaderamente, es tan cierto decir *que es lógico que el hombre que sufre, no pida nada mejor de que se lo ayude, siempre que alguien lo pueda*?... Muy distinta es la realidad, aunque la repugnancia por pedir socorro no siempre tenga un acento tan desesperado. He aquí como es. Generalmente el hombre que sufre no pide nada mejor que una ayuda, pero de tal o cual forma. Si la ayuda es de la forma que él desea, la aceptará de buen grado. Pero en un sentido de muy otra gravedad, cuando se trata de un socorro superior, de un socorro de lo alto... de esa humillación de tener que aceptar sin condiciones de no importa cómo, de ser como una nada en la mano del *Socorredor* a quien todo es posible, o incluso si no se trata más que de la obligación de plegarse ante y, en tanto que se solicita socorro, de renunciar a ser uno mismo. ¡Ah!, ¡cuántos sufrimientos entonces, incluso largos, tormentosos, que sin embargo el yo no halla tan intolerables y que, en consecuencia, prefiere, con la reserva de seguir siendo él mismo!

Pero cuando más conciencia hay en ese yo pasivo que sufre y desesperadamente quiere ser él mismo, más también la desesperación se condensa y se hace demoníaca, cuyo origen es éste a menudo: un desesperado, que quiere ser él mismo, soporta de mal grado cualquier estado penoso o inseparable de su yo concreto. Con toda su pasión se arroja entonces sobre ese mismo tormento, que termina por convertirse en una rabia demoníaca. Y si ahora fuera posible que Dios y todos los ángeles del cielo le ofrecieran liberarlo, rechazaría la oferta. ¡Demasiado tarde! Antaño habría dado alegremente todo para ser liberado, pero se le ha hecho esperar y ahora es demasiado tarde y prefiere rabiar contra todo, ser la injusta víctima de los hombres y de la vida, seguir siendo aquel que vela precisamente para guardar con celo su tormento, para que no se lo quiten. Pues si no, ¿cómo probar su derecho y convencerse de él uno mismo? Esta idea fija le crece de tal modo en la cabeza, que al fin una razón muy distinta le hace temer la eternidad, temer que ella no le quite aquello que él considera demoníacamente su superioridad infinita sobre el resto de los hombres y su justificación para ser quien es. Quiere ser él mismo; primero ha formado una abstracción infinita de su yo, pero helo aquí convertido al fin en algo tan concreto que le sería imposible ser eterno en ese sentido abstracto. Mientras que su desesperación se obstina en ser él mismo. ¡Oh demencia demoníaca! Su rabia, ante todo, es pensar que la eternidad podría privarlo de su miseria.

Esta especie de desesperación no corre por las calles; héroes de su índole no se encuentran, en el fondo, más que entre los poetas, entre los más grandes, que confieren siempre a sus creaciones esa idealidad *demoníaca*, en el sentido en que la entendían los griegos. Empero esa desesperación se ve también en la vida. ¿Pero qué exterior le corresponde entonces? A decir verdad no lo tiene, visto que un exterior correspondiente, que convenga al hermetismo, es una contradicción en los términos; su correspondencia sería una revelación. Pero el signo exterior aquí es perfectamente igual, aquí donde el hermetismo, es decir una interioridad cuyo secreto se ha embrollado, es ante todo la cosa a salvaguardar. Las formas más inferiores de la desesperación, sin interioridad real ni nada, en todo caso, deberían se describir limitándose a presentar o indicar con una palabra los signos exteriores de los individuos. Pero cuanto más se espiritualiza la desesperación, más se aísla la interioridad como un mundo incluido en el hermetismo, más indiferentes se hacen los exteriores, bajo los cuales se oculta la desesperación. Pero sucede que a medida que se espiritualiza, más procura hacerse de un tacto demoníaco, ocultarse en el hermetismo y, por consiguiente, revestirse de apariencias de cualquier índole, tan insignificantes y neutras como sea posible. Como el duende del cuento que se eclipsa por una rendija invisible, cuanto más espiritualizado, más trata de alojarse bajo una apariencia donde, naturalmente, nadie pensaría en buscarlo. Esta misma disimulación tiene alguna espiritualidad y es un medio, entre otros, de asegurarse en suma un encierro detrás de la realidad, un mundo exclusivamente para sí, un mundo donde el yo desesperado, sin tregua como Tántalo, procura ser él.

Hemos comenzado por la forma más inferior de la desesperación, aquella en la cual no se quiere ser uno mismo. Pero aquella en que se quiere serlo, la más condensada de todas, es la desesperación demoníaca. Y en ésta, incluso ni es por manía estoica de sí mismo o autoidolatría que el yo quiere ser él mismo; no es como aquí por una mentira ciertamente, sino en un cierto sentido para lograr su perfección; no, quiere por odio a la existencia y según su miseria; y ese yo, incluso no es por rebeldía o desafío que se empecinan en ello, sino para comprometer a Dios; no quiere por rebeldía arrancarla al poder que la creó, sino imponérsela, atarlo a ella por fuerza, doblarlo contra ella satánicamente... y es comprensible, ¡una objeción verdaderamente malvada siempre se dobla contra aquello que la suscita! Por su rebelión misma contra la existencia, el desesperado se enorgullece de tener en la mano una prueba contra ella y contra su bondad. Cree que él mismo es esa prueba y como quiere serla, quiere pues ser él mismo, sí, ¡con su tormento!, para protestar toda la vida por medio de ese tormento mismo. En tanto que la desesperación-debilidad se oculta al consuelo que tuviera para ella la eternidad, nuestro desesperado demoníaco nada quiere saber tampoco de ella, pero por otra razón: ese consuelo le perdería, arruinaría la objeción general de que está contra la existencia. Para dar la cosa mediante la imagen, suponed una concha que escapara a su autor, una concha dotada de conciencia –que quizás en el fondo ni sería una, sino, tomando las cosas desde muy alto, un elemento integrante de un conjunto– y que entonces, en rebeldía contra su autor, por odio, trate de que no la corrija y le lance en un desafío absurdo: ¡No! No me borrarás, permaneceré como un testigo contra ti, como un testigo de que no eres más que un ruin autor.

SEGUNDA PARTE

Desesperación y pecado

LIBRO CUARTO

LA DESESPERACIÓN ES EL PECADO

Se peca cuando, ante Dios o con la idea de Dios, desesperado, no se quiere ser uno mismo, o se quiere serlo. El pecado es así debilidad o desafío, llevados a la suprema potencia; el pecado es pues condensación de desesperación. El acento recae aquí sobre estar ante Dios, o tener la idea de Dios; lo que hace del pecado lo que los juristas llaman *desesperación calificada*; su naturaleza dialéctica, ética, religiosa, es la idea de Dios.

Aunque esta segunda parte no sea el lugar ni el momento, sobre todo este Libro Cuarto, de una descripción psicológica, digamos aquí sin embargo que los confines más dialécticos de la desesperación y el pecado son lo que podría llamarse una existencia de poeta con orientación religiosa, existencia no sin puntos comunes con la desesperación de la resignación, pero sin que en ella falte la idea de Dios. Ateniéndose a las categorías de la estética, es esa la más alta imagen de una vida de poeta. Pero (no obstante toda estética), esa vida es siempre pecado para el cristiano, el pecado de soñar en lugar de ser, de no tener más que una relación estética de imaginación con el bien y la verdad, en lugar de una relación real, en lugar del esfuerzo por crear una por su vida misma. La diferencia entre esa vida de poeta y la desesperación, es la presencia en ella de la idea de Dios, su conciencia de estar ante Dios; pero intensamente dialéctica. Es como un desorden impenetrable desde el momento en que se pregunta si ella tiene oscuramente conciencia de ser pecado. Una profunda necesidad religiosa puede hallarse en ese poeta y la idea de Dios entrar conscientemente en su desesperación. En su secreto suplicio. Dios, a quien ama por encima de todo. Únicamente le consuela y sin embargo, ama ese suplicio y no desearía renunciar a él. Estar ante Dios es su mayor deseo, salvo en ese punto fijo en el cual sufre su yo; allí ese desesperado no quiere ser él mismo; cuenta con la eternidad para quitárselo, pero aquí abajo, a pesar de todo su sufrimiento, adoptarlo, humillarse bajo su peso, como hace el creyente, él no puede resolverse a hacerlo. Empero su relación con Dios, su única celeste alegría, no cesa; para él, el peor horror sería tener que pasárselas sin ella, *entonces valdría más desesperar*, permitiéndose en el fondo, inconscientemente quizá, soñar con Dios de un modo un poco distinto de lo que es, un poco más como un padre enternecido que cede demasiado al único deseo de su hijo. Como el poeta nacido de un amor desgraciado canta en bienaventurado la felicidad del amor, el nuestro igualmente se hace el chantre del sentimiento religioso. Su religiosidad burlase de su desgracia; presiente, adivina que la exigencia de Dios es que abandone ese tormento, que se humille a su peso a imitación del creyente y que lo acepte como una parte de su yo, pues al querer mantenerlo a distancia de sí mismo, lo retiene, aunque piense (verdad al revés, como todo lo que dice un desesperado y por lo tanto inteligible dándole vuelta) que así se separará de ese tormento lo mejor posible. Abandonándolo tanto como puede hacerlo un hombre. Pero adoptarlo a igual que el creyente... Es impotente para ello, es decir que, en suma, él se niega o, más bien, su yo se pierde aquí en las tinieblas. Pero como las descripciones de amor del poeta, la que él hace de la religión tiene un encanto, un vuelo lírico que nunca alcanzan ni maridos, ni pastores. Pues lo que dice tampoco tiene falsedad y, por el contrario, su pintura, su relato, son precisamente lo mejor de él mismo. Ama a la religión como amante desventurado, sin serlo en el sentido estricto del creyente; de la fe no tiene más que el primer elemento, la desesperación; y en esta desesperación, una ardiente nostalgia de la religión. Su conflicto, en el rondo, es éste: ¿es él el llamado? ¿Es el signo de una misión extraordinaria la espina en su carne y, si está destinado a ella, ha llegado a serlo ante Dios regularmente? ¿O traduce la espina en la carne que él debe humillarse a su peso para reingresar entre el común de los hombres? Pero bastante hemos hablado de esto; no tengo el derecho de decir sin mentir: ¿a quién hablo? Estas investigaciones psicológicas a la enésima potencia ¿a quién preocupan? Todas las fantasías populares de los pastores dan menos dolor de cabeza para comprenderlas, aprehenden la semejanza de las gentes para engañarse con ella, pues, como en su mayoría las gentes, es decir en lo espiritual, es nada.

CAPÍTULO I
LAS GRADUACIONES DE LA CONCIENCIA DEL YO (LA CALIFICACIÓN ANTE DIOS)

La primera parte de este libro ha marcado incesantemente una graduación de la conciencia del yo: en primer término el hombre ignorante de su yo eterno (Libro III, cap. II, a), luego el hombre consciente de un yo, en el cual hay sin embargo eternidad (Libro III, cap. II, b) y en el interior de esas divisiones (I, **1.º**, **2**, **2.º**) también se han destacado graduaciones. Invirtamos ahora los términos dialécticos de todo ese desenvolvimiento. He aquí de qué se trata. Esta graduación de la conciencia, se ha visto hasta aquí desde el ángulo del yo humano, del yo cuya medida es el hombre, como se ha tratado. Pero ese mismo yo ante Dios, adquiere por este hecho, una cualidad o una calificación nueva. No sólo es ya el yo humano, sino también lo que llamaría –con la esperanza de no ser mal comprendido– el yo teológico, el yo ante Dios. ¡Y qué realidad infinita no adquiere entonces por la conciencia de estar ante Dios, yo humano ahora a la medida de Dios! Un vaquero que no fuera más que un yo ante sus vacas, no sería sino un yo bastante inferior; de igual modo un soberano, yo ante sus esclavos, no es más que un yo inferior y en el fondo ni es uno, pues en ambos casos falta la escala. El niño, que aún no ha tenido más que a sus padres por medida, sería un yo cuando a la edad de hombre, tuviera al Estado por medida; ¡pero qué acento infinito no da Dios al yo transformándose en su medida! La medida del yo es siempre lo que el yo tiene ante sí y esto es definir lo que es *la medida*. Como nunca se suma más que magnitudes del mismo orden, todo es así cualitativamente idéntico a su medida; medida que es al mismo tiempo su regla ética; por lo tanto, medida y regla expresan la cualidad de las cosas. No sucede sin embargo lo mismo en el mundo de la libertad: aquí si no se es de cualidad idéntica su regla y medida, no obstante, uno mismo es responsable de esta descalificación, de modo que la regla y la medida –cuando llega el juicio–, que han permanecido siendo a pesar de todo invariables, manifiestan lo que no somos: nuestra regla y nuestra medida.

La antigua dogmática no se equivocaba –y ella ha recurrido a eso más de una vez, en tanto que una escuela más reciente ha encontrado en ello algo a cambiar, por no haberlo comprendido y no haber captado su sentido–, la antigua dogmática no se equivocaba, digo, a pesar a veces de sus errores de práctica, al creer que lo terrible del pecado consiste en estar ante Dios. Así se probaba la eternidad de las penas del infierno. Más tarde, siendo más hábil, se ha dicho: el pecado es el pecado; no es más grande por ser cometido contra o ante Dios. ¡Singular argumento! Cuando incluso los mismos juristas hablan de crímenes calificados, cuando se les ve diferenciar si el crimen es contra un funcionario o un particular y hacer variar la pena si se trata de un parricidio o de un asesinato común.

No, la vieja dogmática no se equivocaba al decir que estar contra Dios elevaba el pecado a una potencia infinita. El error consistía en considerar a Dios como de cierto modo exterior a nosotros, en admitir que no se peca, por así decirlo, siempre contra él. Pues Dios no nos es nada exterior, como por ejemplo un agente de policía. Insistamos en esto: el yo tiene la idea de Dios, pero esto no le evita no querer lo que Dios quiere, ni de desobedecerlo. Tampoco se peca ante Dios sólo algunas veces, pues todo pecado es cometido ante Dios o, más bien, lo que hace de una falta humana un pecado, es la conciencia que tiene el culpable de estar ante Dios.

La desesperación se condensa en proporción a la conciencia del yo; pero el yo se condensa en proporción a su medida y, cuando la medida es Dios, infinitamente. El yo aumenta con la idea de Dios, y recíprocamente, la idea de Dios aumenta con el yo. Sólo la conciencia de estar ante Dios hace de nuestro yo concreto, individual, un yo infinito; y es este yo infinito, quien entonces peca ante Dios. También el egoísta pagano, pese a todo lo que se pueda decir de él, estaba lejos de ser tan calificado como el egoísta que se puede encontrar en un cristiano; pues el yo del pagano no estaba ante Dios. El pagano y el hombre natural no tienen otra medida que el yo humano. Por esto no se incurre en error quizá, desde un punto de vista superior, cuando se dice que el paganismo yacía en el pecado, pero que en el fondo su pecado no era más que la ignorancia desesperada de Dios, la ignorancia de estar ante Dios; en el fondo, *de estar sin Dios en el mundo*. Pero desde otro punto de vista se puede negar el pecado (en sentido limitado) del pagano, puesto que no pecaba delante de Dios; y todo pecado está ante Dios. Desde luego que también en un sentido lo que debía impecablemente, si así puedo decir, sacarlo a menudo de apuros en la vida es la ligereza misma de su pelagianismo la que lo salvaba; pero entonces su pecado era otro y era esa ligereza misma. Por el contrario, y no menos seguramente, una demasiado severa educación cristiana a menudo ha debido lanzar a alguien al pecado, siendo toda la manera de ver del cristianismo mismo demasiado grave para él, sobre todo en momentos anteriores de su vida; pero, en cambio, esta idea más profunda del pecado ha podido ayudarle.

Se peca cuando, ante Dios, desesperado, no se quiere ser uno mismo o se quiere serlo. (¿Pero esta definición, ventajosa quizá desde otros puntos de vista (entre otros y sobre todo por su conformidad única con la Escritura, que siempre define, en efecto, al pecado como desobediencia), no es acaso demasiado de naturaleza espiritual? Ante todo, respondemos, una definición del pecado nunca puede ser demasiado espiritual (a menos que no lo sea tanto que lo suprima); pues precisamente el pecado es una categoría del espíritu. Y luego: ¿por qué demasiado espiritual? ¿Por qué no habla de asesinato, robo, fornicación, etc.?... ¿Pero acaso no habla de todo ello? ¿No implica una obstinación contra Dios, una desobediencia desafiando a sus mandamientos? Por el contrario, a propósito del pecado, no hablar más que de estas especies de faltas es olvidar fácilmente que hasta un cierto punto se puede en todo esto estar en regla con los hombres, sin que la vida íntegra no sea menos pecado, pecado que conocemos bien: nuestros vicios brillantes y nuestra obstinación, cuando estúpida ignora o quiere, la desvergonzada, ignorar todo lo que nuestro yo debe íntimamente de obediencia a Dios por todos sus deseos y pensamientos más secretos, por su finura de oído para escuchar y su docilidad para seguir los menores signos de Dios en sus propósitos para con nosotros. Los pecados de la carne son la obstinación de las partes más bajas del yo; ¡pero cuántas veces el Demonio no expulsa a un demonio específico, empeorando así nuestro estado! Pues tal es la marcha del mundo: primero se peca por fragilidad o debilidad; luego –sí, luego es posible que se aprenda a recurrir a Dios y mediante su ayuda que se llegue a la fe; pero no hablemos de esto aquí– se desespera de la propia debilidad y se llega a ser un fariseo a quien la desesperación eleva a una cierta justicia legal, o bien la desesperación arroja en el pecado.

Por lo tanto, nuestra fórmula engloba perfectamente todas las formas imaginables del pecado y todas las formas reales; ella destaca, pues, con toda precisión, su rasgo decisivo: de ser desesperación (pues el pecado no es el desarreglo de la carne y de la sangre, sino el consentimiento del espíritu a ese desarreglo) y estar ante Dios. No es más que una formula algebraica; este pequeño escrito no sería un lugar apropiado, por lo demás, para una tentativa, con posibilidad de éxito, de ponerse a describir uno a uno los pecados. Aquí lo importante sólo es que la definición recoge todas las formas en sus mallas. Como puede verse, cuando se la verifica planteando su contraria, hace lo siguiente: la definición de la fe por la cual me guío en todo este escrito, es como un vehículo seguro, más creer, es sumergirse en Dios a través de la propia transparencia, siendo uno mismo y queriendo serlo.

Pero muy a menudo se ha olvidado que lo contrario del pecado de ningún modo es la virtud. Esto resulta más bien un criterio pagano, que se conforma con una medida puramente humana, ignorando lo que es el pecado y que siempre se encuentra ante Dios. No, lo contrario del pecado es la fe; como se dice en la Epístola a los romanos, XIV, **23**: todo lo que no proviene de la fe es pecado. Y es una de las definiciones esenciales del cristianismo que lo contrario del pecado no es la virtud, sino la fe.

APÉNDICE

LA DEFINICIÓN DEL PECADO IMPLICA LA POSIBILIDAD DEL ESCÁNDALO; OBSERVACIÓN GENERAL SOBRE EL ESCÁNDALO

Esta oposición del pecado y de la fe domina en el cristianismo y transforma, cristianizándolos, todos los conceptos éticos, que así reciben un relieve más profundo. Esta oposición se basa en el criterio soberano del cristianismo: si está o no en presencia de Dios, criterio que implica otro, a su vez decisivo del cristianismo: la absurdidad, la paradoja, la posibilidad del escándalo. La presencia de su criterio es de extremada importancia cada vez que se quiera definir al cristianismo, puesto que es el escándalo el que protege al cristianismo contra toda especulación. ¿Dónde se encuentra aquí pues la posibilidad del escándalo? Pero en este punto, primero, la realidad del hombre debería ser o existir como *Aislado* en presencia de Dios; y en el segundo punto, consecuencia del primero, su pecado debería ocupar a Dios. Ese diálogo entre el *Aislado* y Dios no entrará nunca en el cerebro de los filósofos; ellos no hacen más que universalizar imaginariamente los individuos en la especie. También es esto lo que ha hecho inventar para un cristianismo incrédulo, que el pecado no es más que el recado, sin que estar o no en presencia de Dios agregue o quite nada al asunto. En resumen, se quería eliminar el criterio: en presencia de Dios, inventando para este fin una sabiduría superior que, en suma, se reducía bastante curiosamente a lo que de ordinario es la sabiduría superior, al viejo paganismo.

¿Cuántas veces no se ha repetido de que se escandalizaba la gente del cristianismo a causa de sus sombrías tinieblas, de su austeridad, etc.?... ¿No es ya tiempo de explicar que si los hombres se escandalizan ante él, en el fondo se debe a que es demasiado elevado, o que su medida no es la del hombre, de quien quiere hacer un ser extraordinario, a que el hombre ya no puede comprenderlo? También esto aclarará una simple exposición psicológica de lo que es el escándalo, que además demostrará toda la absurdidad de una defensa del cristianismo en la cual se suprimiera el escándalo; que mostrará toda la estupidez o la desvergüenza de haber ignorado los preceptos mismos del Cristo, sus tan frecuentes y diligentes advertencias contra el escándalo, cuando nos indica él mismo su posibilidad y necesidad; pues desde el momento en que la posibilidad ya no es necesaria, desde el momento en que ella deja de ser una parte eterna y esencial del cristianismo, el Cristo cae en el contrasentido humano de pasear de ese modo inquietante sus vanas advertencias contra él, en lugar de suprimirlo.

Imaginemos a un pobre jornalero y al emperador más poderoso del mundo y que éste potentado de pronto tenga el capricho de enviar a buscar al primero, quien nunca pudo soñar en semejante hecho y *cuyo corazón jamás se hubiera atrevido a concebir* que el emperador supiera de su existencia, quien habría considerado como una felicidad sin nombre la posibilidad, aunque sólo fuese en una oportunidad, de ver al emperador, cosa que hubiese contado a sus hijos y nietos como el mayor acontecimiento de su vida. Supongamos pues, que el emperador lo enviara a buscar y que le hiciese saber que deseaba tenerlo por yerno. ¿Qué sucedería? Entonces el jornalero, como todos los hombres, sentiría se un poco o muy embarazado, confundido, molesto y la cosa le parecería (y es este el aspecto humano) humanamente muy extraña, insensata; no se atrevería a decir una palabra a nadie, sintiéndose él mismo inclinado, en su fuero íntimo, a esa explicación, de la cual ni uno solo de sus vecinos no trataría de apoderarse: el emperador querría burlarse de él, toda la ciudad se reiría, los diarios harían su caricatura y las comadres venderían una canción de sus esponsales con la hija del príncipe. Pero, ¿acaso llegar a ser yerno del emperador no era sin embargo una realidad inminente, visible? Y el jornalero entonces podría asegurarse mediante todos sus sentidos hasta dónde la cosa era seria en el emperador; o si sólo pensaba burlarse del pobre diablo, hacer su desgracia para el resto de sus días y ayudarlo a terminar en un manicomio; pues hay aquí un *quid nimis* que muy fácilmente puede convertirse en su contrario. Un pequeño síntoma de favor hubiera podido comprenderlo el jornalero y la ciudad lo habría hallado plausible, y todo el respetable público bien educado y todas las vendedoras de canciones, en resumen, las cinco veces **100.000** almas de ese gran burgo, una ciudad muy grande sin duda por el número de sus habitantes, pero casi una villa pequeña en cuanto a su capacidad de comprender y de apreciar lo extraordinario. Pero eso, casarse con la hija del emperador, a pesar de todo, era exagerado. Y supongamos ahora una realidad, interior y no exterior, por lo tanto sin nada de material, para llevar al jornalero a una cierta certidumbre, si es que no únicamente a la sola fe, y de la cual dependiera todo. Tendría una valentía bastante humilde para atreverse a creer en ello (un coraje sin humildad, en efecto, nunca ayuda a creer): y este coraje, ¿cuántos jornaleros entonces lo tendrían? Pero aquel que no lo tuviera se escandalizaría esa cosa extraordinaria casi le haría el efecto de una burla personal. Acaso confesaría entonces ingenuamente: *He aquí cosas demasiado elevadas para mí y que no pueden entrarme en la cabeza; para decirlo sin rodeos, esto me parece una locura.*

¡Y el cristianismo entonces! La lección que enseña a que ese individuo, como todo individuo –por lo demás no importa quién, marido, esposa, criada, ministro, comerciante, barbero, rata de biblioteca, etc.–, es que ese individuo existe en presencia de Dios, que ese individuo, que quizás estaría orgulloso de haber hablado por lo menos una vez en su vida con el rey, ese mismo hombre que ya sería alguien para entablar amistad con tal o cual, ese hombre está en presencia de Dios, puede hablar con Dios cuando quiere, con la seguridad de ser escuchado siempre que hable, ¡y es a él a quien se ofrece vivir en la intimidad de Dios! Incluso más aún: es por ese hombre, también, para quien Dios ha venido al mundo, se ha dejado encarnar, ha sufrido y murió; y es ese Dios de sufrimiento quien casi le ruega y le suplica que quiera aceptar ese socorro, ¡que es una ofrenda! En verdad si algo existe en el mundo capaz de hacer perder la razón, ¿no es eso precisamente? Quien no se atreva a creerlo, por carencia de humilde coraje, se escandaliza. Pero si se escandaliza, es que la cosa es demasiado elevada para él, que ella no puede entrar en la cabeza, que él aquí no puede hablar con franqueza y he aquí por qué le es necesario hacerla a un lado, convertirla en la nada, en una locura, en una estupidez, tal es el peso con que parece ahogarle.

¿Pues qué es el escándalo? Admiración desgraciada, emparentada pues con la envidia, pero con una envidia que se dirige contra nosotros mismos y más aún, que contra nada se encarniza tanto como contra ella misma. En su mezquindad, el hombre natural es incapaz de otorgarse lo extraordinario que Dios le destinaba: por eso se escandaliza.

El escándalo varía según la pasión que el hombre ponga en admirar. Más prosaicas, las naturalezas sin imaginación ni pasión, sin gran aptitud, pues para admirar, indudablemente se escandalizan, pero limitándose a decir: Son cosas que no me entran en la cabeza, por eso las hago a un lado. Así hablan los escépticos. Pero cuanta más pasión e imaginación tiene un hombre, más se aproxima en un sentido a la fe, es decir a la posibilidad de creer; siempre sin embargo que se humille de adoración ante lo extraordinario; mas el escándalo se vuelve apasionadamente contra ese extraordinario, hasta pretender finalmente nada menos que extirparlo, aniquilarlo y pisotearlo en el Iodo.

La verdadera ciencia del escándalo no se aprende sino estudiando la envidia humana, un estudio fuera de programa, pero que a pesar de todo he hecho y a fondo, de lo cual me congratulo. La envidia es una admiración que se disimula. El admirador que siente la imposibilidad de experimentar felicidad cediendo a su admiración, toma el partido de envidiar. Entonces emplea un lenguaje muy distinto, en el cual ahora lo que en el fondo admira ya no cuenta, no es más que insípida estupidez, rareza, extravagancia. La admiración es un feliz abandono de uno mismo; la envidia una desgraciada reivindicación del yo.

De igual modo el escándalo: pues aquello que de hombre a hombre es admiración-envidia, llega a ser del hombre a Dios adoración-escándalo. La *summa summarum* de toda sabiduría humana es ese *ne quid minis*, que no es oro sino un dorado: el exceso o su falta no echa a perder todo. Esta mercancía pasa de mano en mano como una sabiduría, se la paga con admiración: su curso ignora las fluctuaciones, pues toda la humanidad garantiza su valor. Si entonces aparece un genio superando un poco a mediocridad, los sabios lo declaran... loco. Pero el cristianismo; salta con paso de gigante más allá del *ned quid nimes*, a el absurdo; de allí parte... y parte el escándalo.

Ahora se ve toda la extraordinaria estupidez (si no obstante hay que dejarle lo extraordinario) de negárselo al cristianismo; el lamentable conocimiento del hombre que así se revela, y como esa táctica, aun cuando inconsciente, liga en parte a ocultas con el escándalo, haciendo del cristianismo algo tan lamentable, que al fin haya que presentar un alegato para salvarlo. Tan cierto es decir que el primer inventor, en la cristiandad, de una defensa del cristianismo es de hecho otro Judas: también él traiciona con un beso, pero con el beso de la estupidez. Pleitear siempre. Supongamos que alguien que posee un depósito lleno de oro quisiera dar todos sus ducados a los pobres. Pero si al mismo tiempo tiene la estupidez de comenzar su empresa caritativa con un alegato, demostrando en tres puntos todo lo que ella posee de defendible, no habrá necesidad de que las gentes pongan en duda de si hace un bien. ¿Pero, y el cristianismo entonces? Declaro incrédulo a quien lo defienda. Si cree, el entusiasmo de su fe nunca es una defensa; siempre es un ataque, una victoria; un creyente es un vencedor.

Tal cosa sucede con el cristianismo y el escándalo. De este modo lo posible del escándalo está presente en la definición cristiana del pecado. Esta en él: en presencia de Dios. Un pagano, un hombre natural reconocerían de buen grado la existencia del pecado, pero ese: en presencia de Dios, sin el cual en el fondo no existe el pecado, es para ellos aún demasiado. A sus ojos, es darle demasiada importancia a la existencia humana (aun cuando de otra manera que aquí); con un poco menos, también lo admitirían de buen grado... pero el demasiado es siempre demasiado.

CAPÍTULO II
LA DEFINICIÓN SOCRÁTICA DEL PECADO

Pecar es ignorar. Ésta es, como se sabe, la definición socrática que, como todo lo que proviene de Sócrates, sigue siendo siempre una instancia digna de atención. Empero este aspecto ha corrido la misma suerte que otros muchos del socratismo y se ha sentido la necesidad de pasar a otra cosa. ¡Cuántas personas no han sentido la necesidad de superar la ignorancia socrática!... experimentado indudablemente la imposibilidad de mantenerse en ella; ¡pues cuántos serán capaces en cada generación de soportar, incluso un solo mes, esa ignorancia de todo, de poder expresarla por su vida misma!

Por esto, lejos de hacer a un lado la definición socrática a causa de la dificultad de atenerse a ella, quiero servirme, por el contrario, de ella, con el cristianismo *in mente*, para destacar los ángulos del cristianismo, precisamente porque es tan esencialmente griega; de este modo, cualquier otra definición sin el rigor cristiano, es decir que titubee, descubrirá aquí como siempre su propio vacío.

A su vez la falla de la definición socrática es dejar en la vaguedad el sentido preciso de esa ignorancia, su origen, etc. En otros términos, incluso si el pecado es la ignorancia (o lo que el cristianismo más bien llamaría estupidez, lo que en cierto sentido es innegable, ¿puede verse en ella una ignorancia original? Es decir, ¿el estado de alguien que no ha sabido nada y que hasta aquí no haya podido saber nada de la verdad? ¿O es una ignorancia adquirida ulteriormente? Si se contesta por la afirmativa, es preciso que el pecado hunda entonces sus raíces en otra parte que en la ignorancia y debe ser en este caso actividad en el fondo de nosotros, con la cual trabajamos en oscurecer nuestro conocimiento. Pero incluso admitiéndola, ese defecto de la definición socrática, tenaz y resistente, reaparece, pues entonces se puede preguntar uno si el hombre, a punto de oscurecer su conocimiento, tenía plena conciencia de ello. Si no es así, es que su conocimiento ya está algo oscurecido, incluso antes que lo haya comenzado; y la cuestión se plantea de nuevo. Si, por el contrario, en el momento de oscurecer su conocimiento, tuviera conciencia de ello, entonces el pecado (aunque siempre ignorancia en tanto que resultado) no está en el conocimiento sino en la voluntad, y entonces, la cuestión inevitable se plantea entre sus relaciones reciprocas. Estas relaciones (y aquí se podría continuar preguntando durante días) no son penetradas, en el fondo, por la definición de Sócrates. Ciertamente Sócrates fue un moralista (la antigüedad siempre le ha reivindicado como tal, como inventor de la ética) y el primero en el tiempo, así como es y seguirá siendo el primero en su género; pero comienza por la ignorancia. Intelectualmente, es a la ignorancia que él tiende, al saber nada. Éticamente, entiende por esto algo muy distinto a la ignorancia, y parte de ello. Pero, por el contrario, está claro que Sócrates nada tiene de moralista religioso y mucho menos, en el plano cristiano, de dogmático. He aquí por qué, en el fondo, no entra en toda esta investigación por donde comienza el cristianismo, en ese antecedente en el cual se presupone el pecado y que encuentra su explicación cristiana en el pecado original, dogma al cual esta búsqueda no hará más que confinar.

En resumen, Sócrates no llega hasta la categoría del pecado, lo que, indudablemente, es un defecto de una definición del pecado. ¿Pero cómo? Si el pecado, en efecto, fuera ignorancia, en el fondo no tendría existencia. Pues admitirlo es creer, como lo hace Sócrates, que nunca se comete una injusticia sabiendo qué es lo justo, o que se la comete sabiendo qué es lo injusto. Si Sócrates, pues, lo ha definido bien, el pecado no tiene existencia. ¡Pero atención! He aquí que está perfectamente en regla desde el punto de vista cristiano, y es incluso profundamente justo y en interés del cristianismo, *quod erat demostrandum*. Precisamente el concepto, que pone una diferencia radical de naturaleza entre el cristianismo y el paganismo, es el pecado, la doctrina del pecado; también el cristianismo, muy lógicamente, cree que ni el pagano ni el hombre natural saben lo que es el pecado, e incluso que se necesita la Revelación para ilustrar lo que es. Pues contrariamente a un punto de vista superficial, la diferencia de naturaleza entre el paganismo y el cristianismo no proviene de la doctrina de la Redención. No, hay que partir desde mayor profundidad, partir del pecado, de la doctrina del pecado, lo que por otra parte hace el cristianismo. ¡Qué peligrosa objeción, pues, contra este último, si el paganismo diera del pecado una definición cuya justeza debiera reconocer un cristiano!

¿Qué le ha faltado, pues, a Sócrates en su determinación del pecado? La voluntad, el desafío. La intelectualidad griega era demasiado feliz, demasiado ingenua, demasiado estética, demasiado irónica, demasiado bromista... demasiada pecadora para llegar a comprender que alguien con su saber, conociendo lo justo, pudiera hacer lo injusto. El helenismo dicta un imperativo categórico de la inteligencia. Esta es una verdad no desdeñable e incluso es útil destacar en un tiempo como el nuestro, descarriado mucho de trivial ciencia hinchada y estéril, si es cierto que en el de Sócrates y más aún en nuestros días, la humanidad necesita de una ligera dieta de socratismo. Habría que reír y llorar delante de todas esas seguridades de haber comprendido y aprehendido las verdades supremas y delante de esa virtuosidad tan frecuente en desarrollarlas en abstracto, por la demás en un sentido, con una gran precisión... ¡Sí, riamos y lloremos viendo entonces tanto saber y comprensión carentes de fuerza sobre la vida de los hombres, en los cuales no se traduce nada de la que han comprendido, sino más bien todo la contrario! A la vista de semejante discordancia, tan triste como grotesca, uno exclama involuntariamente: ¿pero cómo diablos es posible que hayan comprendido? ¿Y acaso es solamente cierto? Aquí el viejo ironista y moralista responde: no la creas, amigo mío; no han comprendido, pues si no sus vidas la expresarían también y sus actos responderían a su saber.

¡Es que hay comprender y comprender! Y quien la entienda –claro está que no a la manera de la trivial ciencia– es iniciado de súbito en todos los secretos de la ironía. Pues en este equívoco se empecina. Encontrar divertido que un hombre ignore realmente una cosa, es de una comicidad bien baja e indigna de la ironía. ¿Qué hay de cómico en el fondo en el hecho de que las gentes hayan vivido con la idea de que la tierra no giraba, cuando ellas no sabían nada al respecto? Indudablemente nuestra época a su vez hará el mismo efecto al lado de una época más avanzada en física. Aquí la contradicción se encuentra entre dos épocas diferentes, sin coincidencia profunda; por esto su contraste fortuito carece por completo de comicidad. Pero he aquí que alguien que dice el bien... y por consecuencia lo ha comprendido; y cuando luego tiene que hacer, se le ve cometer el mal... ¡Qué comicidad infinita! Y la comicidad infinita de ese otro, emocionado hasta las lágrimas, tanto que con el sudor las lágrimas le caen a chorros, capaz de leer durante horas o de escuchar la descripción de la renuncia a sí mismo, toda la sublimidad de una vida sacrificada a la verdad, y que, un momento después... uno, dos y tres, ¡hace una pirueta!, ¡apenas con los ojos secos y ya se afana sudando, según sus pobres fuerzas, por llevar adelante con éxito una mentira! Y esa comicidad infinita también del discursista que, con acento y gesto de verdad, se emociona, te emociona, te arranca escalofríos con su descripción de la verdad y desafía de cerca a todas las fuerzas del mal y del infierno con actitud de aplomo, firmeza en la mirada, precisión en el paso, perfectamente admirables y —comicidad infinita— que poco después puede, aun con casi todo su bagaje, levantar campamento como un inútil al más pequeño avatar. Y la comicidad infinita de ver a alguien que comprende toda la verdad, todas las miserias y pequeñeces del mundo, etc. que las comprende, ¡y luego es incapaz de reconocerlas!, pues en el mismo instante casi, ese mismo hombre correrá a inmiscuirse en esas pequeñeces y miserias, para sacar de ellas vanidades y honores, es decir reconocerlas. ¡Oh!, ver a alguien que jura haberse dado cuenta de cómo el Cristo pasaba con los hábitos humildes de un servidor, pobre, despreciado, bajo las burlas y, como dice la Escritura, bajo los escupitajos... y ver a ese hombre acudir volando a esos lugares del mundo, cuidadosamente, donde da tanto gusto estar, metiéndose en el mejor abrigo; verlo huir, con tanto temor como para salvar su vida, su sombra oscilando a derecha e izquierda a la menor corriente de aire, verlo tan feliz, tan celestialmente feliz, tan radiante... sí, para que nada falte al cuadro, llegando de emoción a darle gracias a Dios, tan radiante pues por la estima y la consideración universal! Cuantas veces me he dicho entonces, en mi interior: *¡Sócrates! ¡Sócrates! ¡Sócrates! ¿Es posible que un hombre se haya dado cuenta de aquello que dice haberse dado cuenta?* Así me decía yo, incluso deseando que Sócrates hubiera dicho la verdad. Pues, como a pesar mío, el cristianismo me parecía demasiado severo y mi experiencia aún se niega a hacer de ese hombre un tartufo. Decididamente Sócrates, tú sólo, tú me lo explicas, haciéndolo un farsante, como un buen bocado para los reidores; tú no te asombras, incluso me apruebas que lo utilice como salsa cómica... con la reserva de que pueda o no lograrlo.

¡Sócrates! ¡Sócrates! ¡Sócrates! Triple llamado qué bien se podría elevar a diez, si ello sirviera de cierta ayuda. El mundo necesitaría, se cree, de una República; se cree necesitar un nuevo orden social, una nueva religión; ¿pero quién piensa que este mundo perturbado necesita por toda ciencia a un Sócrates? Naturalmente que si alguien y sobre todo si varios pensaran en ello, se lo necesitaría menos. Lo que más falta hace cuando se sufre un descarriamiento, es siempre aquello en lo que menos se piensa y esto es evidente, pues, pensar en eso, sería volverse a encontrar.

Por lo tanto sería necesario a nuestra época, y quizás es esta su única necesidad, una corrección semejante de ética e ironía, pues aparece como la última de sus preocupaciones; en lugar de superar a Sócrates, ya lograríamos un gran beneficio retornando a su diferenciación entre comprender y comprender y en volver a ella no como a una adquisición final surgida para nuestra salvación de nuestra peor miseria, sino como a un punto de vista moral penetrante sobre nuestra vida cotidiana.

La definición socrática se salva pues como sigue: Si alguien no hace lo justo es también culpa de haberlo comprendido; claro está que sólo se lo imagina; si lo afirma se descarría; si lo reitera jurando por todos los diablos, no hace más que alejarse al infinito por medio de los mayores rodeos. Pero es que Sócrates tiene razón. El hombre que hace lo justo no peca, pues, a pesar de todo; y si no lo hace, es a causa de no haberlo comprendido; la verdadera comprensión de lo justo le empujaría rápidamente a hacerlo y más bien sería el eco de su comprensión: ergo, pecar es ignorar.

¿Pero entonces dónde suena a falsa la definición? Su defecto –y el socratismo, aunque incompletamente, se da cuenta de ello y no lo remedia– es la falta de una categoría dialéctica para pasar de la comprensión a la acción. El cristianismo parte de ese pasaje; y a lo largo de esa vía tropieza con el pecado, nos lo muestra en la voluntad, y llega al concepto del desafío; y para entonces tocar en el fondo, se agrega el dogma del pecado original, pues –¡ay!– el secreto de la especulación en cuanto a comprensión, consiste precisamente en no tocar el fondo y en no anudar jamás el hilo, y he aquí cómo –¡oh maravilla!– logra coser indefinidamente, es decir, mientras así lo quiere, logra pasar la aguja. El cristianismo, por el contrario, anuda el punto final mediante la paradoja.

En la filosofía de las ideas puras, donde no se considera al individuo real, el paso es de toda necesidad (como en el hegelianismo por lo demás, donde todo se realiza con necesidad), es decir que el pasaje del comprender al obrar no se enreda en ningún obstáculo. Allí está el helenismo (empero no en Sócrates, demasiado moralista para eso). Y ahí está en el fondo asimismo todo el secreto de la filosofía moderna, íntegramente en el *cogito ergo sum*, en la identidad del pensamiento y del ser; (mientras que el cristiano piensa: *Según vuestra fe, así os sea hecho* (Evangelio según Mateo, IX, **29**), o: a tal fe tal hombre o: creer es ser). La filosofía moderna, como se ve, no es ni más ni menos que paganismo. Pero es este su menor defecto; y no está del todo mal principiar con Sócrates. Lo que en ella es realmente todo lo contrario del socratismo, es tomar y haceros tomar ese escamoteo por cristianismo.

En el mundo real, donde se trata del individuo existente, por el contrario, no se evita ese minúsculo pasaje del comprender al obrar, no se lo recorre siempre *cito citissime*, no es –por hablar alemán a falta de un lenguaje filosófico– *geschwind wie der Wind*. Por el contrario, aquí comienza una aventura bastante larga.

La vida del espíritu no tiene altos (en el fondo tampoco estado, todo es actual); si por lo tanto un hombre, al segundo mismo en que reconoce lo justo no lo hace, he aquí lo que se produce: primero se agota el conocimiento. Luego queda por saber lo que la voluntad piensa del residuo. La voluntad es un agente dialéctico, que a su vez manda toda la naturaleza inferior del hombre. Si ella no admite el producto del conocimiento, sin embargo no se pone necesariamente a hacer lo contrario de lo que ha aprehendido el conocimiento; tales choques son raros; pero ello deja pasar cierto tiempo, se abre un ínterin, ella dice: hasta mañana se verá. Entre tanto, el conocimiento se oscurece de más en más y las partes bajas de nuestra naturaleza toman siempre mayor predominio; pues hay que hacer el bien –¡ay!– de inmediato, tan pronto se lo haya reconocido (y es por esto que la especulación pura, el paso del pensamiento al ser es tan fácil, pues allí todo está dado de antemano), mientras que para nuestros instintos inferiores, lo fuerte es arrastrar las cosas, dilaciones que no detesta mucho la voluntad, que cierra a medias los ojos. Y cuando entonces el conocimiento se ha oscurecido bastante, hace mejores migas con la voluntad; al fin es el acuerdo perfecto, pues entonces se pasa al campo de la otra y ratifica muy bien todo lo que ella arregla. De este modo quizá viven multitudes de gentes; trabajan, como insensiblemente, en oscurecer sus juicios éticos y ético religiosos, que los empujan hacia decisiones y consecuencias que reprueba la parte inferior de ellas mismas; en su lugar desarrollan en ellas un conocimiento estético y metafísico, que para la ética no es más que diversión.

¿Pero, hasta ahora hemos superado al socratismo? No, pues Sócrates diría que, si todo pasa así, ésta es la prueba de que nuestro hombre no ha comprendido lo justo, pese a todo. O dicho de otra manera, para anunciar que alguien, sabiéndolo, hace lo injusto, el helenismo carece de valentía y adorna este hecho diciendo de él: cuando alguien hace lo injusto, no ha comprendido lo justo.

Sobre esto no hay ninguna duda; y agrego de que no es posible que un hombre pueda ir más allá, pueda completamente solo y por sí mismo decir lo que es el pecado, por la razón de que él está en cuestión; todos sus discursos sobre el pecado no son en realidad más que un adorno, una excusa, una atenuación pecadora. Es por esto que el cristianismo también comienza de otra manera, planteando la necesidad de una revelación de Dios, que instruya al hombre acerca del pecado, mostrándole que no consiste en no comprender lo justo, sino en no querer comprenderlo, en no querer lo justo.

Mediante la distinción entre no poder y no querer comprender, ya Sócrates no aclara nada, en tanto que es el maestro de todos los ironistas cuando opera con su distinción entre comprender y no comprender. Si no se hace lo justo, explica, es por incomprensión, pero el cristianismo se remonta un poco más lejos y dice: por negarse a comprender, que a su vez proviene de la negación de querer lo justo, sucede tal cosa. Y enseña luego que se puede hacer lo injusto (es el verdadero desafío) aunque se comprenda lo justo, o abstenerse de hacer lo justo, aunque se lo comprenda; en resumen, la doctrina cristiana del pecado, ásperamente agresiva contra el hombre, no es más que una acusación sobre la acusación, es la requisitoria que lo divino como ministerio público toma sobre sí para intentar con el hombre.

Pero este cristianismo, se dirá, es ininteligible para los hombres. ¡Se trata de comprender! Con el cristianismo, y por lo tanto para escándalo del espíritu, hay que creer. Comprender es el alcance humano, la relación del hombre con el hombre; pero creer es la relación del hombre con lo divino. ¿Cómo explica pues el cristianismo esa incomprensión? Pues, consecuente por completo consigo mismo, de una manera no menos incomprensible, puesto que es la revelación.

Para el cristiano, pues, el pecado yace en la voluntad, no en el conocimiento, y esa corrupción de la voluntad supera a la conciencia del individuo. Es esa la lógica misma; ¡sino a cada individuo le sería necesario preciso preguntarse como comenzó el pecado!

Encontramos aquí, por lo tanto, el signo del escándalo. Lo posible del escándalo es que hace falta una revelación de Dios para instruir al hombre sobre la naturaleza del pecado, sobre la profundidad de sus raíces. El hombre natural, el pagano piensa: ¡Sea! Confieso que no he comprendido todo del cielo y de la Tierra; si a la fuerza hace falta una revelación que ella nos explique las cosas celestes; pero que haga falta una para explicarnos que es el pecado, he aquí el peor absurdo. No me presento como la perfección, lejos de ello, pero puesto que sé y estoy pronto a confesar todo lo que me separa de ella, como no sabré yo lo qué es el pecado. *A lo cual responde el cristianismo:* Pero, no; he aquí lo que sabes menos: tu distancia de la perfección y qué es el pecado. *Es pues una verdad cristiana que el pecado es ignorancia, la ignorancia de su propia naturaleza.*

La definición del pecado dada en el capitulo precedente debe pues completarse todavía así: después que una revelación de Dios nos ha explicado su naturaleza, el pecado es, en presencia de Dios, la desesperación en la cual no se quiere ser uno mismo o la desesperación en la que se quiere serlo.

CAPÍTULO III
QUE EL PECADO NO ES UNA NEGACIÓN, SINO UNA POSICIÓN

Es lo que la dogmática ortodoxa y en general la ortodoxia han sostenido siempre, en efecto, rechazando como panteísta toda definición de pecado, que lo reduzca a algo simplemente negativo: debilidad, sensualidad, finitud, ignorancia, etcétera... La ortodoxia ha visto muy bien que es aquí donde hay que librar la batalla o, por retomar nuestra imagen de que hay que anudar la punta, que es necesario sostener; ha percibido bien que al definir el pecado como una negación, todo el cristianismo resultaría insostenible. Por tal motivo insiste tanto acerca de la necesidad de la Revelación para instruir al hombre decepcionado acerca de lo que es el pecado, lección que debe hacer fe para nosotros, en consecuencia, puesto que es un dogma. Y naturalmente, paradoja, fe y dogma hacen entre sí una triple alianza, que es el más seguro sostén y baluarte contra toda sabiduría pagana.

Esto en cuanto a la ortodoxia. Por un extraño desprecio, la dogmática que se dice especulativa y linda ciertamente bastante en mala hora con la filosofía, se ha vanagloriado de comprender la doctrina de que el pecado es una posición. Pero si ella lo hiciera, el pecado sería una negación. El secreto de toda comprensión consiste en que el acto mismo de comprender supera siempre la posición que plantea. El concepto plantea una posición, pero que niega el hecho mismo de comprenderla. No sin darse cuenta hasta un cierto punto, nuestros teólogos no han sabido arreglárselas, maniobra bastante poco digna de una ciencia filosófica, más que velando su movimiento detrás de una cortina de afirmaciones. Multiplicándolas continuamente con mayor solemnidad, jurando y perjurando de que el pecado es una afirmación, de que hacerlo una negación es panteísmo, racionalismo y sabe Dios qué otras cosas, pero que no vale más y que su campo abjura y aborrece... se pasa a querer comprender que el pecado es una posición. Es decir que no lo es sino hasta un cierto punto y pueda al alcance del entendimiento.

Y la duplicidad de nuestros teólogos surge también en otro punto, que se relaciona por otra parte con el mismo tema. La definición del pecado, o el modo para definirlo, se liga con la de arrepentimiento. Y haber hallado la *negación de la negación* les pareció tan tentador que se apoderaron de ella y entonces la aplicaron al arrepentimiento, haciendo de esta manera una negación del pecado. Por lo demás, resultarla bastante agradable ver a un pensador sobrio aclarando sí esta lógica pura, que recuerda las primeras relaciones de la lógica con la gramática (dos negaciones equivalen a una afirmación) o con las matemáticas, si esa lógica pura vale en el orden de lo real, en el mundo de las cualidades: si en toda la dialéctica de las cualidades no hay otra dialéctica; si el *pasaje* no desempeña aquí otro papel. *Sub specie aeterni, aeterno modo*, etc.... lo sucesivo no existe, de modo que todo es y no hay pasaje. Plantear en ese medio abstracto es por consecuencia *ipso facto* lo mismo que anular. Pero considerar de ese modo lo real, linda verdaderamente con la locura. Muy en abstracto se puede decir también que lo Perfecto sigue a lo Imperfecto. Pero si en la realidad alguien llegara a la conclusión, como una consecuencia automática e inmediata, de que un trabajo que no ha terminado (*imperfectum*) se ha terminado, ¿no sería un loco? Con esa sedicente posición del pecado no se hace otra cosa, cuando el medio en que se lo plantea es el pensamiento puro, médium demasiado moviente para plantearlo con firmeza.

Pero dejando aquí todas esas cuestiones de lado, atengámonos exclusivamente al principio cristiano de que el pecado es una posición; no empero como con un principio inteligible, sino como una paradoja que hay que creer. En mi pensamiento, aquí se encuentra el hito. Hacer estallar la contradicción de todas las tentativas de comprender, es ya colocar el problema en su verdadera luz, tan claro resulta entonces que hay que remitirse a la fe para el debe o no creerse. Admito lo que no es demasiado divino, de ninguna forma, para ser comprendido), admito que si se quiere comprender a la fuerza y no se puede considerar bueno más que a aquello que uno se da aires de comprender, se juzgue bien pobre mi actitud. Pero si el cristianismo no tiene vida más que siendo creído, no comprendido, si es necesariamente una u otra cosa, objeto de fe o de escándalo: ¿dónde reside, pues, el mérito de pretender comprender? ¿Es o no una insolencia o atropellamiento querer comprender lo que no quiere ser comprendido? Cuando a un rey le toma la idea de vivir de incógnito, de ser tratado estrictamente como un particular, si la gente haya más distinguido demostrarle una diferencia real, ¿tiene razón al hacerlo? ¿O no es colocar su persona y su pensamiento frente al deseo del rey, hacer como se quiere en lugar de inclinarse? ¿Qué oportunidad de gustarle, cuando más uno se ingenie en testimoniar al rey un respeto de súbdito, si él no quiere ser tratado como rey? ¿Qué oportunidad de gustarle, si uno se ingenia más en contrariar su voluntad? Quede para otros la tarea de admirar y de elogiar a quien se dé aires de poder comprender el cristianismo: para mí, en un tiempo tan especulativo, en el cual todos *los otros* se agitan tanto por comprender, es una obligación esencialmente ética y que exige acaso mucho más abnegación, confesar que no tenemos el poder ni el deber de comprender. Sin embargo, la necesidad probable de nuestra época de los cristianos de hoy, es precisamente un poco de ignorancia socrática sobre el capítulo del cristianismo; digo efectivamente, *socrática*. Pero –y cuán poco se lo sabe verdaderamente o se lo piensa–, pero no olvidemos nunca que la ignorancia de Sócrates era una especie de temor y de culto a Dios: que ella traducía en griego la idea judaica del temor a Dios, principio de la sabiduría; que era por respeto a la divinidad que se era ignorante y, en cuanto un pagano lo podía, que guardaba como un juez la frontera entre Dios y el hombre, queriendo reforzar la diferencia de cualidad entre ellos mediante un foso profundo, a fin de que Dios y el hombre no se confundiesen, como se los ha hecho confundir *philosophice, poetice*, etc.... He aquí la causa de la ignorancia de Sócrates y es por esto que la divinidad ha reconocido en él al mayor de los saberes. Pero el cristianismo nos enseña que toda su existencia no tiene otra finalidad que la fe; por lo cual sería precisamente una piadosa ignorancia socrática defender por ignorancia la fe contra la especulación, queriendo reforzar con un foso profundo la diferencia de naturaleza entre Dios... y el hombre, como lo hacen la paradoja y la fe, a fin de que Dios y el hombre, peor aún que en el paganismo, no se confundan, como se les ha hecho *philosophice, poetice*, etc.... en el sistema.

Sólo hay pues un punto de vista posible para aclarar la naturaleza positiva del pecado. En la primera parte, describiendo la desesperación, se ha verificado constantemente un crecimiento, que traducía, por un lado, un progreso de la conciencia del yo y, por el otro, un progreso de intensidad, yendo de la pasividad hasta el acto consciente. Las dos traducciones, a su vez, expresaban juntas el origen interior y no externo de la desesperación, que de este modo se hace de más en más positivo. Pero según su definición, el pecado implicando un yo, elevado a un infinito de potencia por la idea de Dios, implica el máximo de conciencia del pecado como de un acto. Es lo que expresa que el pecado es una posición; su positivo es estar en presencia de Dios.

Esta definición del pecado contiene, en un sentido distinto, lo posible del escándalo, la paradoja, que se encuentra en la doctrina de la Redención. En primer lugar el cristianismo establece tan sólidamente la naturaleza positiva del pecado, que la razón no puede nunca comprenderlo; luego, ese mismo cristianismo se encarga enseguida de eliminar ese positivo de manera no menos ininteligible para la razón. Nuestros teólogos, que se libran de esas dos paradojas mediante charlas, mellan la punta para hacerlo así todo fácil: quitan un poco de su fuerza a lo positivo del pecado, lo que sin embargo no les adelanta nada para comprender el golpe de esponja de la remisión. Pero aun aquí ese primer inventor de paradojas que es el cristianismo continúa siendo tan paradojal cómo es posible; trabajando, por así decir, contra sí mismo, formula tan sólidamente la naturaleza positiva del pecado, que luego parece perfectamente imposible eliminarlo. Y no obstante, ese mismo cristianismo lo eliminará de nuevo tan completamente, mediante la Redención, que se lo diría ahogado en el mar.

APÉNDICE AL LIBRO CUARTO
¿NO ES ENTONCES EL PECADO UNA EXCEPCIÓN? (LA MORAL)

Como se lo ha recordado en la primera parte, la intensidad de la desesperación hace su rareza en este mundo. Pero puesto que el pecado es desesperación elevada a una cualidad de potencia aún más grande, ¿cuál debe ser pues su rareza? ¡Extraña dificultad! El cristianismo subordina todo al pecado; tenemos la tarea de exponerlo en todo su rigor; y henos entonces ante este resultado singular, ante todo singular, de que el pecado ya no existe de este modo en el paganismo, sino únicamente en el judaísmo y el cristianismo y, también, en ellos, sin duda, con bastante rareza.

Y sin embargo, el hecho, pero sólo en un sentido, es completamente exacto. Aunque instruido por una revelación de Dios acerca de lo que es el pecado, cuando desesperado, en presencia de Dios, no se quiere ser uno mismo o se quiere serlo, se es un pecador... y claro está no se ve con frecuencia de que un hombre está tan avanzado, sea tan transparente para sí mismo, que pueda aplicarse la fórmula. ¿Pero qué se deduce de esto? El punto merece atención, pues aquí nos encontramos en un viraje dialéctico. Del hecho de que un hombre no esté más que mediocremente desesperado, en efecto, no se deducía que no lo estuviese en absoluto. Por el contrario; y hemos mostrado a la inmensa mayoría de los hombres en la desesperación, pero en un grado inferior. Pero tampoco ningún mérito está ligado a un grado superior. A los ojos del esteta, por el contrario, es una ventaja, pues sólo la fuerza le interesa; pero para la ética, un grado superior de desesperación aleja más de la salvación que un grado inferior.

Y lo mismo sucede con el pecado. La vida de la mayoría de los hombres, considerándola en una indiferencia dialéctica, está tan alejada del bien (la fe) que es casi demasiado espiritual para llamarse pecado, incluso casi demasiado para llamarse desesperación.

Ciertamente no hay ningún mérito, lejos de ello, en ser un verdadero pecador. Pero, por otra parte, ¿cómo poder hallar una conciencia esencial del pecado (y es lo que quiere el cristianismo) en una vida tan desvalorizada en mediocridad, en caricatura estúpida de los *otros*, que apenas se la puede tratar de pecado, pues es casi demasiado a-espiritual para así ser llamada y que, como dice la Escritura, sólo merece *ser vomitada*?

La cuestión, no obstante, no es resuelta de golpe, pues la dialéctica del pecado no hace más que reatraparla de otra manera. ¿Cómo es posible que una vida de hombre sea al fin tan a-espiritual que parezca que el cristianismo le resulta inaplicable, como un gato del cual uno no puede servirse (y el Cristianismo levanta del mismo modo que un gato) cuando, por falta de terreno firme, sólo hay arena y residuos? ¿Se trata de una suerte que se sufre? No; es un hecho propio del hombre. Nadie nace a-espiritual; y por numerosos que sean aquellos que no se llevan otra cosa en la hora de la muerte como resultado de sus vidas... no es por culpa de la vida.

Pero digámoslo, y sin mascar las palabras, esta sedicente sociedad cristiana (en la cual, por millones, las gentes son sin esfuerzo ninguno cristianos, de manera que se cuentan tantos, exactamente tantos cristianos como nacimientos) no es sólo una lastimosa edición del cristianismo acribillado de conchas extravagantes y de olvidos o dilaciones ineptos, es también un abuso: ella lo profana. Si en un pequeño país acaso nacen tres poetas por generación, no son los pastores los que escasean y su tropa desborda en los empleos. A propósito de un poeta se habla de vocación, pero para ser pastor a los ojos de una multitud de gente (¡por tanto de cristianos!) basta con el examen. Y sin embargo, un verdadero pastor es un azar aún más raro que un verdadero poeta, y, sin embargo, esa palabra *vocación* es originariamente de índole religiosa. Pero si se trata de ser poeta, la sociedad no persiste menos en tener en cuenta la vocación, en ver en ella grandeza. Por el contrario, ser pastor para la multitud de los hombres (¡por lo tanto de cristianos!) desprovistos de toda idea que eleve, sin el menor misterio *in puris naturalibus*, es ser un *ganapán*. Vocación equivale a curato; se habla de obtener una *vocación*; pero de tener vocación... ¡Y bien! ¿No se habla también de día cuando se dice que el ministerio tiene una vocación vacante?

La aventura misma de esta palabra en la cristiandad –¡ay!– simboliza entre nosotros toda la suerte del cristianismo. La desventura no consiste en no hablar de ella (como tampoco es desventura carecer de pastores); uno en hablar de tal suerte que, al fin, la multitud no piensa más en ello (igual que esa misma multitud no ocupa ya sus pensamientos en el hecho de ser pastor como en el pedestre de ser mercader, notario, encuadernador, veterinario, etc., etc.), de modo que lo sagrado y lo sublime han dejado de impresionar, e incluso se oye hablar de Dios como de cosas inveteradas, pasadas de moda –Dios sabe cómo–, así como de tantas otras. ¿Qué hay de asombroso luego en que nuestras gentes, a falta de sentir defendible su propia actitud, sientan la necesidad de defender al cristianismo?

¡Pero al menos necesitarías para pastores a hombres creyentes! ¡Y creyentes que crean! Pero creer es como amar, incluso de tal modo en el fondo por el entusiasmo, que el más enamorado de los enamorados no resulta más que un adolescente aliado del creyente. Observad al hombre que ama. ¿Quién no sabe que él podría incesantemente, día tras día, desde la mañana hasta la noche, hablar de su amor? ¿Pero quién creería que él tiene la idea, el poder de hablar como nuestras gentes? ¿Qué él no abomina del hecho de pretender probar en tres puntos que después de todo hay un sentido en su amor?... Casi como el pastor cuando prueba en tres puntos la eficacia de las plegarias, pues tanto han bajado de precio, que tienen necesidad de tres puntos para atrapar un poquito de prestigio; o también, lo que es semejante, pero un poco más risible, cuando el pastor prueba en tres puntos que la plegaria es la beatitud que supera todo entendimiento. ¡Oh querido e inapreciable Anticlímax! Decir que una cosa, superando al entendimiento, pruébese con tres razones, las cuales, siempre que ellas valgan algo más que nada, no deben sin embargo superar al entendimiento, sino por el contrario convencerlo, incluso hasta la evidencia, de que esa beatitud no lo supera de ningún modo, ¡cómo si, en efecto, las *razones* no estuvieran siempre al alcance de la razón! ¡Pero para aquello que supera al entendimiento, y para quien cree en ello, esas tres razones carecen de sentido tanto como para las insignias de las posadas, tres botellas o tres ciervos! Pero prosigamos: ¿quién prestaría a un enamorado la idea de defender su amor, de admitir que no es absoluto, lo Absoluto? ¿Cómo creer que ha pensado en él como en las objeciones hostiles, y de que así ha nacido su alegato; es decir cómo creerle capaz o casi, de admitir que no está enamorado, de denunciarse como si no lo estuviera? Id a proponerle que sostenga tal cosa y ya se sabe que os considerará loco y si, además de estar enamorado, es también un poco psicólogo, estad seguros que sospechará que el autor de la oferta nunca conoció el amor o que quiere arrastrarlo a que se traicione, a renegar lo suyo... defendiéndolo. ¿No es esa la prueba enceguecedora de que un enamorado, uno verdadero, nunca tendrá la idea de probar con tres puntos su amor o de defenderlo, pues –lo que vale más que todos los puntos juntos y que cualquier defensa– él ama? Y quien prueba y alega no ama, no hace más que simular y, desgraciadamente, –o tanto mejor– lo hace tan estúpidamente que sólo delata su falta de amor.

Ahora bien, exactamente así se habla del cristianismo. Así hablan de él pastores creyentes, *defendiéndolo* o traspasándolo a *razones*, si es que no lo deforman, queriendo ponerlo especulativamente en *concepto*; es lo que se llama predicar, y la cristiandad ya tiene en alta estima a esa especie de predicamento... y a sus auditorios. He aquí por qué (y es la prueba) la cristiandad está tan lejos de ser lo que dice ser y la mayoría de las gentes que la forman carecen de tal modo de espiritualidad que no se puede, en estricto sentido cristiano, tratar sus vidas de pecado.

LIBRO QUINTO
LA CONTINUACIÓN DEL PECADO

El estado continuo del pecado es un pecado más; o para usar una expresión más precisa, y como se desarrollara luego, permanecer en el pecado es renovarlo, es pecar. Quizá le resulte esto exagerado al pecador, a él, que reconoce apenas otro pecado actual como pecado nuevo. Pero la eternidad, su contador, está obligada a registrar el estado que se queda en el pecado, en el pasivo de nuevos pecados. Su libro no tiene más que dos columnas y todo lo que no proviene de la fe es pecado (Epístola a los romanos, XIV, 23), la falta de arrepentimiento después de cada pecado es otro pecado; incluso cada uno de los instantes en que permanece ese pecado sin arrepentimiento, es un pecado nuevo. ¡Pero cuán raros son los hombres cuya conciencia íntima guarda una continuidad! Generalmente sus conciencias no son más que una intermitencia, que no se manifiestan más que en las decisiones graves y permanecen cerradas a lo cotidiano; el hombre no existe un poco como espíritu, más de una hora por semana... evidentemente un modo bastante animal de existencia espiritual. La esencia misma de la eternidad es, sin embargo, continuidad, y exige del hombre, es decir que quiere que tenga conciencia de ser espíritu y lo crea. El pecador, por el contrario, está tan en poder del pecado, que no suponiendo su alcance, incluso ni sabe que toda su vida se encuentra en el camino de la perdición. No registra más que cada nuevo pecado, que le da como un nuevo impulso sobre el mismo camino, como si en el instante anterior no fuera hacia él con toda la rapidez de los pecados anteriores. El pecado se le ha hecho tan natural o tan una segunda naturaleza, que no percibe nada anormal en la marcha de cada día, y no realiza un breve retroceso más que en el momento de recibir de cada nuevo pecado como un nuevo impulso. En esta perdición, en lugar de la continuidad verdadera de la eternidad, la del creyente que se sabe en presencia de Dios, no ve la de su propia vida... la continuidad del pecado.

¿La continuidad del pecado? ¿Pero el pecado no es precisamente discontinuidad? Henos de nuevo ante la teoría de que el pecado no es más que una negación, de la cual ninguna prescripción podrá hacer nunca una propiedad, así como tampoco una prescripción no da nunca derechos sobre un bien robado; que no es más que una negación, un impotente ensayo de constituirse, destinado a través de todos los suplicios de la impotencia, en un desesperado desafío, a no lograrlo jamás. Sí, es ésta la teoría de los filósofos; pero para el cristiano, el pecado (y esto debe ser creído, siendo la paradoja, lo ininteligible) es una posición que se desenvuelve por sí misma, una continuidad cada vez más positiva.

Y la ley de crecimiento de esta continuidad no es tampoco la misma que la que rige una deuda, o una negación. Pues una deuda no crece por el hecho de no ser pagada, sino sólo cada vez que se le agrega una nueva. El pecado, por su parte, crece a cada instante que se permanece en él. El pecador tiene tan poca razón en no ver acrecentamiento del pecado más que en cada nuevo pecado que, en el fondo, para los cristianos, el estado que resta en el pecado es su acrecentamiento, el nuevo pecado. Incluso existe un dicho para expresar que es humano pecar, pero satánico perseverar en el pecado; sin embargo, el cristiano está obligado a entenderlo un poco diferentemente. No tener más que una visión discontinua, no registrar más que los pecados nuevos y saltar los intervalos, el intermedio de un pecado a otro, no es menos superficial que creer, por ejemplo, de que un tren no avanza más que cada vez que se oye jadear la locomotora. Empero, ni el silbido, ni el impulso que le sigue, es lo que en realidad hay que ver, sino la rapidez continua con que avanza la locomotora y produce ese jadeo. Igual sucede con el pecado. El estado de permanecer en el pecado es su fondo mismo; los pecados singulares no son su continuación, sino que, únicamente, la traducen; cada pecado nuevo no hace más que hacernos sensible la rapidez.

Estar en el pecado es un pecado peor que cada pecado aislado, es el pecado. Y en este sentido, en efecto, permanecer en el pecado es continuar el pecado, es un nuevo pecado. De ordinario no se lo entiende así; se cree que un pecado actual engendra uno nuevo. Pero la razón, mucho más profunda, consiste en que permanecer en el pecado es un nuevo pecado. Es así como Shakespeare, maestro psicólogo, hace decir a Macbeth (III, **2**) *Sündentsprossene Werke erlangen nur durch Sünde Kraft und Starke*. Es decir, que el pecado se engendra a sí mismo como una consecuencia, y en esta continuidad interior del mal, toma también su fuerza. Pero nunca se llega a esta concepción considerando los pecados aisladamente.

La mayoría de la gente vive demasiado inconsciente de sí misma para sospechar lo que es la consecuencia; carente del vínculo profundo del espíritu, su vida, ya sea ingenuidad encantadora de niño, ya sea tontería, no es más que una mala urdimbre de un poco de acción, de azar, de acontecimientos mezclados: tanto se la ve hacer el bien, como luego rehacer el mal y volver al punto de partida; la desesperación le dura tanto una tarde como hasta tres semanas, pero una vez más hela aquí apuesta y de nuevo desesperada por todo un día. Para la mayoría de la gente la vida no es más que un juego, en el cual se participa, pero jamás llega a arriesgar el todo por el todo, jamás llega a representársela como una consecuencia infinita y cerrada. Por esto jamás conversa más que acerca de actos aislados, de tal o cual buena acción, de tal o cual falta.

Toda existencia, dominada por el espíritu, incluso si ese espíritu se pretende autónomo, está sometida a una consecuencia interior, consecuencia de fuente trascendente, que depende al menos de una idea. Pero, en una vida semejante, el hombre teme infinitamente a su vez –por una idea infinita de consecuencias posibles– toda ruptura de consecuencia. ¿No corre el riesgo de ser arrancado a esa totalidad que lleva su vida? La menor inconsecuencia es una pérdida enorme, puesto que pierde el encadenamiento; acaso es deshacer al instante el encantamiento, agotar ese poder misterioso que reúne todas las fuerzas en una sola armonía, aflojar el resorte; acaso arruinarlo todo, para gran suplicio del yo, en un caos de fuerzas en rebelión intestina, de donde habrá desaparecido todo acuerdo interior, toda franca velocidad, todo ímpetus. El admirable mecanismo, que debía a la consecuencia tanta agilidad en el juego de sus implementos de acero, tanta energía dúctil, ahora está descalabrado; y cuando más espléndido, más grandioso el mecanismo, peor es su desarreglo. El creyente, cuya vida íntegra reposa en el encadenamiento del bien, siente un miedo incluso infinito por el menor pecado, pues él corre el riesgo de perder infinitamente, en tanto que los hombres de lo espontáneo, que no salen de la puerilidad, no tienen totalidad que perder, no siendo para ellos nunca pérdidas y ganancias más que la parcial, que lo particular.

Pero con no menos rigor que el creyente, en lo opuesto, el demoníaco se ata al encadenamiento interior del pecado. Es como el beodo que no deja de mantener su ebriedad día tras día por temor a su suspensión, a la languidez que entonces se produciría y a sus consecuencias posibles, si él permaneciera un día sin beber. A igual que el hombre de bien, además, cuando se le quiere tentar, pintándole el pecado en forma atrayente; su respuesta suplicante será: *No me tentéis*. Del mismo modo el demoníaco, sin duda, os dará ejemplos del mismo tenor. Frente a un hombre de bien, más fuerte que él en su posición y viniéndole a describir el bien en su beatitud, el demoníaco es capaz de pedirle gracia, de rogarle con lágrimas en los ojos que no le hable de ello, que no pretenda, como él dice, debilitarlo. Pues su continuidad interior y su continuidad en el mal, hacen que también él tenga una totalidad a perder. Un apartamiento de un segundo fuera de su consecuencia, una sola imprudencia de régimen, una sola mirada distraída, un solo instante con otra visión del conjunto o incluso de una parte y, como él dice, surge el riesgo de no ser ya nunca él mismo. Es cierto que, desesperado, ha renunciado al bien, y que ya no espera ninguna ayuda, haga lo que hiciera; ¿pero no podría aún perturbarle ese bien? ¿Suprimirle para siempre la posibilidad de volver a hallar el pleno ímpetu de las consecuencias, en resumen, debilitarlo? Únicamente en la continuación del pecado es él mismo, en ella vive y se siente vivir. ¿Qué quiere decir esto, sino que permanecer en el pecado es lo que, en lo más profundo de su caída, todavía lo sostiene, por el diabólico reforzamiento de la consecuencia? No es el pecado nuevo, distinto, el que (si, demencia horrible) le ayuda; el pecado nuevo, distinto, sólo expresa la continuidad en el pecado y ésta es, propiamente hablando, el pecado.

La *continuidad del pecado*, que ahora va a seguir, refiérase menos a los nuevos pecados, aisladamente, que al estado continuo del pecado, lo que es aún una elevación de intensidad del pecado para él mismo, una perseverancia consciente en el estado de pecado. La ley de condensación del pecado marca, pues, aquí como en todas partes, un movimiento interior hacia una mayor intensidad de conciencia.

CAPÍTULO I
EL PECADO DE DESESPERAR DE SU PECADO

El pecado es desesperación y aumenta su intensidad el pecado nuevo de desesperar de su pecado. Fácilmente se ve que aquí reside lo que se entiende por elevación de intensidad, no se trata de otro pecado como, después de un robo de cien *rixdales*, otro de mil *rixdales*. No, aquí no se trata de pecados aislados: el estado continuo del pecado es el pecado y este pecado se intensifica en su nueva conciencia.

Desesperar de su pecado expresa que el pecador se ha encerrado en su propia consecuencia o quiere mantenerse en ella. Se niega por completo a tener relación con el bien, y teme la debilidad de escuchar a veces otra voz. No; está resuelto a no escuchar a nadie más que a sí mismo, a no tener cuestiones más que consigo mismo, a enclaustrarse dentro de un encierro más, en fin, a asegurarse mediante la desesperación de su pecado contra toda sorpresa o búsqueda del bien. Tiene conciencia de haber roto detrás de sí todos los puentes y de este modo de permanecer inaccesible al bien como éste lo es para él; al punto de que, deseándolo en un momento de debilidad, todo retorno le será imposible. Pecar es separarse del bien; pero desesperar del pecado es una segunda separación que exprime del pecado, como de un fruto, las últimas fuerzas demoníacas; entonces, en este empedernimiento o entorpecimiento infernal, tomado en su propia consecuencia, uno se obliga a considerar estéril y vano no sólo todo lo que tiene por nombre arrepentimiento y gracia, sino también a ver en ello un peligro, contra el cual uno se arma ante todo, exactamente como hace el hombre de bien contra la tentación. En este sentido Mefistófeles, en el Fausto, no se equivoca al decir que no existe peor miseria que un diablo que desespera; pues la desesperación, aquí, no es más que una debilidad que presta oídos al arrepentimiento y a la gracia. Para caracterizar la intensidad de potencia hasta donde asciende el pecado cuando uno desespera de él, podría decirse que en el primer grado se rompe con el bien y, en el segundo, con el arrepentimiento.

Desesperar del pecado es tratar de mantenerse, cayendo cada vez más; como el aeronauta que asciende arrojando lastre, el desesperado que se empecina en arrojar por la borda todo el bien (sin comprender que en un lastre que eleva, cuando se lo conserva) cae, creyendo ascender. Y también es cierto, de más en más, que se aligera. El pecado por sí mismo es la lucha de la desesperación; pero agotadas las fuerzas, es necesario otra elevación de potencia, un nuevo retraimiento demoníaco sobre sí mismo; y es esta la desesperación del pecado. Es un progreso, un crecimiento de lo demoníaco, el cual, evidentemente, nos hunde en el pecado. Es una tentativa de dar al pecado una continencia, un interés, de hacer de él una potencia, diciendo que los dados han sido arrojados para siempre y que se permanecerá sordo a todo propósito de arrepentimiento y de gracia. La desesperación del pecado no es engañada, sin embargo, por su propia nada; sabiendo perfectamente que no hay ya de qué vivir, más nada, la idea misma de su yo ya no le es nada. Es lo que Macbeth mismo (II, **1**), en gran psicólogo, dice después de haber matado al rey, y desesperando ahora de su pecado:

Von jetzt giebt es nichts Ernstes mehr im Leben;

Alles ist Tand, gestorben Ruhm und Gnade.

Lo magistral de tales versos es el doble golpe de las últimas palabras (*Ruhm y Gnade*). Por el pecado, es decir desesperando del pecado, se encuentra, al mismo tiempo, a una distancia infinita de la gracia... y de sí mismo. Su yo, completamente egoísta, culmina en ambición. Helo aquí rey y, sin embargo, desesperando de su pecado y de la realidad del arrepentimiento, es decir de la gracia, acaba de perder hasta su yo; incapaz, incluso, de sostenerlo para sí mismo, está tan lejos, exactamente, de poder gozarlo en su ambición, como de coger la gracia.

En la vida (si en verdad la desesperación del pecado se encuentra en ella; en todo caso se encuentra un estado que los hombres llaman así) se tiene generalmente un punto de vista equivocado acerca del pecado, sin duda porque en el mundo, no ofreciéndosenos más que aturdimiento, liviandad y estupidez puras, toda manifestación un poco más profunda nos emociona y nos hace quitar devotamente el sombrero. Sea por turbia ignorancia de sí misma y de lo que indica, o por simulacro de hipocresía, o gracias a su astucia y sofística habitual, la desesperación del pecado no detesta el hecho de darse el ilustre de ser el bien. Entonces quiérase ver en ella el signo de una naturaleza profunda, que naturalmente toma muy a pecho su pecado. Un hombre, por ejemplo, se ha entregado a cierto pecado, luego ha resistido largo tiempo la tentación y ha terminado por vencerla... Al presente, si recae en ella y le cede, el mal humor que le invade no siempre es pesar por haber pecado, puede depender de otra cosa, ser también una irritación contra la Providencia, como si fuera ella quien le dejó volver a caer, y que no hubiera debido tratarlo tan duramente, puesto que durante tanto tiempo había resistido perfectamente. ¿Pero no es razonar como mujercita el aceptar ese pesar con los ojos cerrados; pasar sobre el equívoco implícito en toda pasión, expresión de esa fatalidad que hace que el hombre apasionado, a veces hasta llegar a estar loco, pueda percibir, después del hecho, que ha dicho lo contrario de lo que creía decir? Este hombre protestará quizá con palabras cada vez más fuertes, por toda la tortura de su recaída, de cómo le arroja en la desesperan. *Nunca me lo perdonaré*, dice. Y todo, para traduciros el bien que hay en él, la bella profundidad de su naturaleza. Ahora bien, no es más que mistificación. En mi descripción, expresamente, he incluido el *nunca me lo perdonaré*, una de esas frases, precisamente, que de ordinario se estrecha en semejantes circunstancias. Esa frase, en efecto, os coloca de inmediato de aplomo en la dialéctica del yo. Nunca él se perdonará... pero si entonces Dios quisiera hacerlo, ¿tendría la maldad, él mismo, de no perdonarse? En realidad, su desesperación del pecado –sobre todo cuando hace gala de expresiones denunciándose (sin pensar en ellas para nada), cuando dice que *no se perdonará nunca* por haber pecado de esa manera (palabras casi opuestas a la humilde contrición que ruega a Dios el perdón)–, su desesperación indica tan poco el bien que, por el contrario, señala más insensatamente el pecado, cuya intensidad proviene de que uno se hunde en él. De hecho, cuando se esforzaba en resistir a la tentación, juzgó que se hacía mejor de lo que es realmente; se ha puesto orgulloso de sí mismo y su orgullo está ahora interesado en que el pasado sea perfectamente terminado. Pero su recaída, de pronto, hace de ese pasado toda su actualidad. ¡Llamado intolerable a su orgullo! De aquí ese entristecimiento profundo, etc. Tristeza, evidentemente, que da la espalda a Dios, que no es más que una simulación de amor propio y de orgullo. Cuando en primer lugar debería darle humildes gracias por haber apoyado durante tanto tiempo a su resistencia, y confesarle luego, y confesarse a sí mismo, que ese socorro ya excedía su mérito y, finalmente, humillarse al recuerdo de lo que fue.

Aquí, como en todas partes, la explicación de viejos textos edificantes desborda de profundidad, experiencia e instrucción. Enseñan que Dios, a veces, permite al creyente un paso en falso y la caída en alguna tentación... precisamente con el fin de humillarlo y fortificarlo de este modo más en el bien. ¡El contraste de su caída y de sus progresos en el bien, quizá considerables, es de tanta humillación! ¡Y constatarse idéntico a sí mismo es de tal dolor! Cuando más se eleva el hombre, más sufre cuando peca, y mayor riesgo hay si se carece de cambio; la menor impaciencia, incluso, lo tiene. Quizá se hundirá de pensar en la más negra tristeza... y algún loco director de almas estaría completamente listo, entonces, para admirar su profundidad moral, toda la potencia del bien en él... ¡como si eso fuera bien! Y su mujer, ¡la pobre!, se siente humillada junto a semejante marido, serio y temeroso de Dios, a quien el pecado entristece tanto. Acaso sostiene propósitos aun más engañadores, acaso en lugar de decir: nunca podrá perdonármelo (como si ya se hubiera perdonado de los pecados él mismo: pura blasfemia), diga solamente que Dios nunca podrá perdonarlo. ¡Ay! También aquí no hace más que embaucarse. ¿Su pesar, su preocupación, su desesperación? Simple egoísmo (como esa angustia del pecado, en la cual la misma angustia os arroja en ella, puesto que es amor propio que quiere enorgullecerse de sí mismo, ser sin pecado)... y el consuelo es su necesidad menor y es por esto que las enormes dosis que administran los directores de almas no hacen más que empeorar el mal.

CAPÍTULO II

EL PECADO DE DESESPERAR EN CUANTO A LA REMISIÓN DE LOS PECADOS (EL ESCÁNDALO)

Aquí la conciencia del yo se eleva a mayor potencia por el conocimiento de Cristo; aquí el yo está en presencia del Cristo. Después del hombre ignorando su yo eterno y luego del hombre consciente de un yo teniendo algún rasgo eterno (en la primera parte), se ha mostrado (pasando a la segunda parte) que ellos se reducían al yo lleno de una idea humana de sí mismo y comportando en sí su propia medida. A esto se oponía el yo en presencia de Dios, base misma de la definición del pecado.

He aquí ahora a un yo en presencia del Cristo, un yo que, incluso aquí, desesperado, no quiere ser él mismo o quiere serlo. Desesperar en cuanto a la remisión de los pecados es reducirlo, en efecto, a una u otra fórmula de la desesperación: desesperación-debilidad o desesperación-desafío: el primero no se atreve a creer por escándalo y el segundo se niega a hacerlo. Pero aquí debilidad o desafío (puesto que no se trata siempre de ser uno mismo, sino uno mismo en tanto que pecador y, por lo tanto, a título de su imperfección), son precisamente lo contrario de lo que tienen por costumbre ser. Es debilidad de costumbre la desesperación en la cual no se quiere ser uno mismo pero, aquí sucede lo contrario; puesto que es, en efecto, el desafío de negarse a ser lo que se es, un pecador, y valerse de ello para pasárselas sin la remisión de los pecados. Es desafío de costumbre la desesperación en la cual se quiere ser uno mismo, pero aquí sucede lo contrario; se es débil queriendo por desesperación ser uno mismo, queriendo ser pecador hasta el punto de que falte el perdón.

Un yo en presencia del Cristo es un yo elevado a una potencia superior por la inmensa concesión de Dios, la inmensa representación con la cual Dios le ha investido, habiendo querido, también por él, nacer y hacerse hombre, sufrir, morir. Nuestra precedente fórmula del crecimiento del yo, cuando crece la idea de Dios, también vale aquí: cuanto más crece la idea del Cristo, más aumenta el yo. Su cualidad depende de su medida. Dándonos el Cristo por medida, Dios, nos ha testimoniado hasta la evidencia hasta dónde va la inmensa realidad de un yo; pues sólo en el Cristo es cierto que Dios es la medida del hombre, su medida y su fin. Pero con la intensidad del yo aumenta la del pecado.

También puede demostrarse, por otro camino, la elevación de intensidad del pecado. Ya se ha visto que el pecado es desesperación; y que su intensidad se eleva por la desesperación del pecado. Pero entonces Dios nos ofrece la reconciliación, perdonándonos nuestras faltas. Sin embargo, el pecador desespera y la expresión de su desesperación aún se profundiza; helo aquí, si se quiere, en contacto con Dios, pero a causa de que está todavía más alejado de él y aún más intensamente sumergido en su falta. El pecador, desesperado de la remisión de los pecados casi parece querer acosar a Dios desde más cerca, pues, ¿acaso no es el tono de un dialogo cuando dice: *Mas no los pecados no son perdonados, es una imposibilidad*? ¿No se diría que es un cuerpo a cuerpo? Y sin embargo es necesario que el hombre se aleje un paso más de Dios cuando cambia su naturaleza para poder hablarle de ese modo, y para ser escuchado; para luchar así *cominus* debe ser *eminus*; ¡tal es la extraña acústica del mundo espiritual, la extravagancia de las leyes que rigen las distancias! Alejado todo lo posible de Dios, el hombre puede hacerle oír ese: ¡No!, que sin embargo quiere a Dios como una especie de viril muerte. El hombre nunca es tan familiar con Dios como cuando está más lejos de él, familiaridad que no puede nacer más que del alejamiento mismo; en la vecindad de Dios, no se puede ser familiar y si se lo es, se encuentra en ello el signo de que se está lejos de él. ¡Tal es la impotencia del hombre en presencia de Dios! La familiaridad con los grandes de la Tierra os hace correr el riesgo de ser arrojado lejos de ellos; pero no se puede ser familiar en relación a Dios más que alejándose de él.

De ordinario, las gentes sólo tienen un falso criterio sobre este pecado (la desesperación sobre la remisión), sobre todo, después que se ha suprimido la moral y que sólo raramente se escucha una sana palabra moral. La estética metafísica reinante os llena de estima y es para ella el signo de una naturaleza profunda vuestra desesperación de la remisión de los pecados, un poco como cuando se quiere ver en las malicias de un niño una prueba de profundidad. Además, reina un bello desorden en el terreno religioso, desde que se ha suprimido de las relaciones del hombre con Dios su único regulador, ese *Tú debes*, del cual es imposible desprenderse para determinar algo de la existencia religiosa. Triunfando la fantasía, se ha empleado en lugar de la idea de Dios como de un condimento de la importancia humana, para hacerse el importante en presencia de Dios. Igual que en la política, donde se conquista importancia colocándose en la oposición y tanto que, al final, se desea un gobierno, sin duda, para tener, a pesar de todo, algo a lo cual oponerse; de igual modo se terminará por no querer suprimir a Dios... sólo aun para hincharse de importancia al estar en la oposición. Y todo aquello que antaño se consideraba con horror como manifestaciones de rebelión impía, pasa ahora por genial, por expresión de profundidad. *Tú debes creer*, se decía antes, claramente, sin sombra de romanticismo; ahora es señal de genio y profundidad decir que uno no puede hacerlo. *Tú debes creer en la remisión de los pecados*, y como único comentario de este texto, antaño se agregaba: *Si no puede hacerlo te advendrá una gran desgracia; pues lo que se debe, se puede*; ahora es genialidad y profundidad no poder creer. ¡Hermoso resultado para la cristiandad! ¿Si se silenciara el cristianismo, estarían los hombres tan pagados de sí mismos? No, ciertamente, como además nunca lo estuvieron antes en el paganismo, sino arrastrando así por todas partes a-cristianamente las ideas cristianas, girando su empleo en la peor irreverencia, cuando no se hace un abuso de otra especie, pero no menos desvergonzado. De hecho, ¡qué epigrama resulta el juramento, que, sin embargo, no estaba en las costumbres paganas, y por el contrario se encuentra como en su casa en los labios cristianos! ¡Qué epigrama que mientras los paganos, como con una especie de horror, de temor al misterio, no nombraban muy a menudo más que con gran solemnidad a Dios, entre los cristianos su nombre sea la palabra más corriente en las manifestaciones de todos los días y, sin comparación, la palabra más vacía de contenido, cuyo uso se hace con el menor cuidado, porque ese pobre Dios, en su evidencia (el imprudente, el inhábil en haberse manifestado en lugar de mantenerse oculto, como hacen las personas selectas) es, al presente, conocido como el lobo blanco! Por esto es hacerse un insigne servicio ir a veces a la iglesia, lo que también os vale los elogios del pastor, quien os agradece en nombre de Dios el honor de la visita y os adorna con el título de hombre piadoso, a la vez que lanzando un puntapié a quienes nunca hacen a Dios el honor de cruzar su umbral.

El pecado de desesperar de la remisión de los pecados es el escándalo. Los judíos, aquí, tenían gran razón de escandalizarse del Cristo que quería perdonar los pecados. ¡Qué triste dosis de chatura (por lo demás, normal entre nuestros cristianos) se necesita, si no se es creyente do que entonces es creer en la divinidad del Cristo) para no escandalizarse ante un hombre que quiere perdonar los pecados! Y qué dosis de chatura no menos molesta para no escandalizarse de que el pecado pueda ser perdonado. Para la razón humana es la peor imposibilidad... sin que por esto elogie yo la genialidad de no poder creer; pues eso debe ser creído.

Naturalmente, ese pecado no podía cometerlo un pagano. ¡Incluso pudiendo tener (no podía tenerlo, careciendo de la idea de Dios) la idea verdadera del pecado, no hubiera podido ir más allá de la desesperación dc su pecado! Y además (y es esta toda la concesión que se puede hacer a la razón y al pensamiento humanos) deberías trenzar elogios al pagano que realmente llegaba, no a desesperar del mundo ni de sí mismo en sentido amplio, sino de su pecado. Para lograrlo, la empresa requiere profundidad de espíritu y supuestos éticos. Ni un solo hombre, en tanto que hombre, puede ir más lejos, y raramente véase a alguien lográndolo. Pero con el cristianismo todo ha cambiado; por lo tanto, cristiano, debes creer en la remisión de los pecados.

Pero, desde este último punto de vista, ¿cuál es el estado de la cristiandad? ¡Y bien! Desespera en el fondo de la remisión de los pecados en el sentido, sin embargo, de que ella aún no conoce incluso su estado. En ella no se ha llegado incluso a la conciencia del pecado, no se reconoce más que la especie de pecado que ya le conoce el paganismo, se vive alegremente y contento, en una seguridad pagana. Pero ya vivir en la cristiandad es superar al paganismo y nuestras gentes llegan hasta enorgullecerse de que su sentimiento de seguridad no sea otra cosa –¡pues cómo lo sería en la cristiandad!– que la conciencia que tienen de la remisión de los pecados, convicción que los pastores refuerzan en sus fieles.

La desgracia esencial de los cristianos actuales es, en el fondo, el cristianismo, el dogma del hombre-dios (pero en sentido cristiano, garantizado por la paradoja y el riesgo del escándalo), que a fuerza de ser predicado y vuelto a predicar ha sido profanado, que una confusión panteísta ha reemplazado (primero en la aristocracia filosófica, luego en la plebe de las calles y encrucijadas) la diferencia de naturaleza entre Dios y el hombre. Ninguna doctrina humana ha aproximado de hecho más que el cristianismo a Dios y el hombre; tampoco ninguna era capaz de hacerlo. Personalmente, Dios es el único en poder hacerlo, ¡pues toda invención de los hombres no es más que un sueño, una ilusión precaria! Pero tampoco ninguna doctrina se ha cuidado tanto de la más atroz de las blasfemias, aquella que, desde que Dios se hizo hombre, consiste en profanar su acto, como si Dios y el hombre no hiciesen más que uno; jamás ninguna doctrina se ha cuidado tanto contra ello como el cristianismo, cuya defensa es el escándalo. ¡Desgracia a esos blandos discurseadores, a esos pensadores ligeros, desgracia! ¡Desgracia a su secuela de discípulos y turiferarios!

Se quiere orden en la vida; —¿y no es esto lo que Dios quiere ya que no es un dios de desorden? ; que se quiera hacer ante todo de cada hombre un aislado. Desde el momento en que se deja que los hombres formen rebaño en aquello que Aristóteles llama *una categoría animal*: la multitud; luego desde que esta abstracción (que no obstante es algo menos que nada, menos que el menor individuo) es considerada como algo: entonces se necesita muy poco tiempo para que se la divinice. ¡Entonces! Entonces se llega *philosophice* a despedazar el dogma del hombre-dios. Como la muchedumbre ha sabido imponerla, en diferentes países, a los reyes, y la prensa a los ministros, así se descubre al fin que la suma de todos los hombres, *summa summarum*, se la impone a Dios. Y he aquí lo que se llama *la doctrina del hombre-dios*, identificando en ella al hombre con Dios. Claro está que más de un filósofo, después de haberse dedicado a propagar esa doctrina de la preponderancia de la generación sobre el individuo, se ha apartado de ella disgustado, cuando la tal doctrina se entrega a deificar al populacho. Pero esos filósofos olvidan que no obstante es la de ellos, sin ver que no era menos falsa cuando la adoptaba la *élite* y una capilla de filósofos, que era como la encarnación de la misma.

En pocas palabras, el dogma del hombre-dios ha hecho insolentes a nuestros cristianos. Un poco como si Dios hubiese sido demasiado débil, como si hubiese corrido la misma suerte que el indulgente, pagado con ingratitud por su exceso de concesiones. Es él quien ha inventado el dogma del hombre-dios y he aquí que nuestras gentes, por una desvergonzada inversión de las relaciones, tratan con él sobre un pie de parentesco; así su concesión tiene casi el mismo sentido que en nuestros días el otorgamiento de una Constitución liberal... y bien se sabe lo que es *¡estaba obligado a ello!*... Casi como si Dios se hallara confundido; y que los malignos tuviesen razón en decirle: *Es culpa tuya; ¡la qué entraste en tan buenas relaciones con los hombres! ¿Pues de otro modo quién habría pensado, habría tenido la osadía de pretender esa igualdad entre Dios y el hombre? Pero fuiste Tú quien la proclamó y hoy cosechas lo que has sembrado.*

Sin embargo, el cristianismo, desde el comienzo, tomó sus precauciones. Parte de la doctrina del pecado, cuya categoría es la misma de lo individual. El pecado no es objeto de pensamiento especulativo. El individuo, en efecto, siempre está por debajo del concepto: no piensa un individuo, sino solamente su concepto. Por esto nuestros teólogos se precipitan en la doctrina de la preponderancia de la generación sobre el individuo: pues, hacerles reconocer la impotencia del concepto en presencia de lo real, sería pedirles demasiado. Y así como no se piensa un individuo, tampoco se puede pensar un pecador individual; se puede pensar el pecado (que deviene entonces una negación, pero no un pecador, aisladamente. Pero precisamente esto quita toda seriedad al pecado, si uno se limita a pensarlo, pues lo serio es que ustedes y yo somos pecadores; lo serio no es pecado en general, sino el acento puesto sobre el pecador, es decir, sobre el individuo. Con respecto a este último, la especulación, para ser consecuente, debe tener un gran desprecio por el hecho de ser un individuo, es decir, de ser lo que no es pensable; para intentar ocuparse de esto, ella debería decirle: ¿para qué sirve perder el tiempo en tu individualidad? Trata, pues, de olvidarla: ser un individuo es no ser nada; pero piensa... y entonces serás toda la humanidad, *cogito ergo sum*. ¡Pero si incluso esto fuese mentira!, ¡y que el individuo, la existencia individual, por el contrario, fuesen la cosa suprema! Supongamos que ello no fuera nada. Pero para no contradecirse, la especulación debería agregar: ser un pecador particular, ¿qué quiere decir? Esto está por debajo del concepto, no pierdas tu tiempo en esto, etc. ¿Y luego qué? En lugar de ser un pecador particular (así como se era invitado, en lugar de ser un individuo, a pensar el concepto de hombre) ¿habría, pues que ponerse a pensar el pecado? ¿Y luego qué? Por azar, pensando el pecado, ¿no se llega a ser *el pecado* personificado: *cogito ergo sum*? ¡Hermoso hallazgo! En todo caso no se corre de este modo el riesgo de encarnar el pecado, el... pecado puro; no dejándose pensar, justamente, este último. Punto que nuestros teólogos mismos deberán concedernos, puesto que el pecado, en efecto, es la prescripción del concepto. Pero para no disputar más *e concessis*, pasemos a la dificultad principal, muy distinta, por cierto. La especulación olvida que, a propósito del pecado, no se evita la ética que, por su parte, refiérase siempre a lo opuesto de la especulación y progresa en sentido contrario; pues la ética, en lugar de hacer abstracción de la realidad, nos sumerge en ella, y en su esencia está obrar por lo individual, esta categoría tan despreciada por nuestros filósofos. El pecado depende del individuo, es ligereza y pecado nuevo hacer como si nada fuera ser un pecador individual... cuando uno mismo es ese pecador. Aquí el cristianismo cierra con una señal de la cruz el camino a la filosofía; ésta es tan incapaz de rehuir la dificultad como un velero avanzar contra el viento. Lo serio del pecado es su realidad en el individuo, en ustedes y en mí; la teología hegeliana, obligada a alejarse siempre del individuo, sólo puede hablar del pecado a la ligera. La dialéctica del pecado sigue caminos diametralmente opuestos a los de la especulación.

Ahora bien, de aquí parte el cristianismo, del dogma del pecado y, por lo tanto, del individuo. Puede vanagloriarse de haber enseñado el Hombre-Dios, la semejanza del hombre con Dios; no por ello odia menos todo lo que es familiaridad licenciosa e impertinencia. Por el dogma del pecado, del aislamiento del pecador, Dios y el Cristo han tomado para siempre, y cien veces mejor que un rey, sus precauciones contra todo lo que es pueblo, gens, muchedumbre público, etc. *idem* contra todo pedido de una Constitución más libre. Este bando de abstracciones no existe para Dios; para él, encarnado en su hijo, sólo existen individuos (pecadores)... Dios, sin embargo, bien puede abarcar con una mirada a la humanidad toda e incluso, por añadidura, cuidar de los gorriones. Y todo Dios es un amigo del orden y a este fin está él mismo presente, y en todas partes y siempre; es la ubicuidad de que el catecismo destaca como uno de sus títulos nominativos, en lo que a veces el espíritu de los hombres piensa vagamente, pero nunca tratando de reflexionarlo sin cesar. Su concepto no es como el del hombre, en el cual lo individual se sitúa como una realidad irreductible: no, el concepto de Dios abarca todo, pues si no Dios no está en él. Pues Dios no se las arregla con una reducción; *comprende* (*comprehendit*) la realidad misma, todo lo particular o lo individual; para él, el individuo no es inferior al concepto.

La doctrina del pecado, del pecado individual, del mío, del vuestro, doctrina que dispersa sin retorno *la multitud*, plantea la diferencia de naturaleza entre Dios y el hombre más firmemente de lo que nunca se ha hecho... y sólo existe Dios para poderlo; ¿no está el pecado en presencia de Dios?, etcétera. Nada distingue tanto al hombre de Dios como el hecho de ser un pecador, lo que es todo hombre, y de estar *en presencia de Dios*; esto es, evidentemente, lo que mantiene los contrastes, es decir lo que los retiene (*continentur*), les evita distenderse y, por ese mantenimiento mismo, la diferencia no estalla sino más, como cuando se yuxtaponen dos colores, *opposita juxta se posita magis illucescunt.* El pecado es el único predicado del hombre inaplicable a Dios, ni *via negationis*, ni *via eminentiae*. Decir de Dios (como se dice que no es finito, lo que, *via negationis*, significa su infinitud), que no peca, es una blasfemia. Para el pecador que es el hombre, un abismo abierto separa de Dios su naturaleza. Y el mismo abismo, naturalmente, separa a la vez a Dios del hombre, cuando Dios perdona los pecados. Pues si por imposible, una asimilación inversa pudiera transferir lo divino a lo humano, un punto, el perdón de los pecados, haría diferir siempre al hombre de Dios.

Aquí culmina el escándalo, que ha querido ese mismo dogma, que nos ha enseñado la semejanza de Dios y del hombre.

Pero por el escándalo estalla ante todo la subjetividad, el individuo. Sin duda el escándalo sin escandalizarse es un poco menos que imposible de concebir, como un concierto de flauta sin flautista; pero incluso un filósofo me reconocería la irrealidad, más aún que del amor, del concepto del escándalo y de que no se hace real más que cada vez que hay alguien, que hay un individuo para escandalizarse.

Por lo tanto, el escándalo está ligado al individuo. De aquí parte el cristianismo; hace de cada hombre un individuo, un pecador particular; luego reúne (y Dios se mantiene allí) todo lo que puede encontrarse de posibilidad de escándalo entre el cielo y la Tierra: he aquí el cristianismo. Ordena entonces a cada uno de nosotros que crea, es decir que nos dice: escandalízate o cree. Ni una palabra de más; es todo. *Ahora he hablado* —dice Dios en los cielos—, *volveremos a hablar en la eternidad. Hasta entonces, depende de ti que hagas lo que puedas, pero el Juicio te espera.*

¡Un juicio! ¡Ah, sí! Bien sabemos, por saber de experiencia, que en un motín de soldados o de marinos, son tantos los culpables que no se puede pensar en el castigo; pero cuando es el público, esa querida y respetable *élite*, o cuando es el pueblo, no sólo no hay en ello crimen, sino, al decir de los periódicos en los cuales se puede confiar como en el Evangelio y en la Revelación, se trata de la voluntad de Dios. ¿Por qué esta inversión? Porque la idea del juicio no corresponde más que al individuo; no se juzga a masas; es posible masacrarlas, dispersarlas con chorros de agua, halagarlas, en pocas palabras, tratar de cien diversas maneras a la muchedumbre como a un animal, pero juzgarlas a las gentes como a bestias es imposible, pues no se juzga a bestias; cualquiera que sea el número que se juzgue, un juicio que no juzga a las gentes una por una, individualmente, no es más que farsa y mentira. Con tantos culpables, la empresa es impracticable; por esto se deja libre a todos, sintiendo perfectamente que es una quimera pensar en un juicio y que son demasiados para ser juzgados, que no se los hará pasar uno a uno, que estaría por encima de nuestras fuerzas y de que por esto hay que renunciar a juzgarlos.

Con todas sus luces, nuestra época, que encuentra inconveniente prestar a Dios formas y sentimientos humanos, no considera de igual modo, sin embargo, al hecho de ver en Dios algo así como un juez, un simple juez de paz o un magistrado militar desbordado por un proceso tan amplio... y por esto se deduce que será de modo parecido en la eternidad y que por lo tanto es suficiente unirse, asegurarse que los pastores predicarán en el mismo sentido. ¡Y si hubiera uno entre todos para atreverse a hablar en otra forma, uno solo bastante estúpido como para cargar su vida de tristezas a la vez que de responsabilidad angustiada y temblorosa y perseguir la de los demás! ¡Ea!, por nuestra seguridad hagámosle pasar por loco o, si es necesario, hagámosle morir. Basta que tengamos con nosotros el número, y no es una injusticia. La estupidez o sandez pasada de moda consiste en creer que la mayoría pueda cometer una injusticia; lo que hace es la voluntad de Dios. Esta sabiduría, según nos muestra la experiencia —pues después de todo no somos unos imberbes ingenuos, no hablamos en el aire, sino como hombres sensatos—, es aquella ante la que se inclina, hasta ahora, todo el mundo, emperadores, reyes y ministros; que es ella, hasta ahora, la que nos ha ayudado a encaramar en el poder a todas nuestras criaturas y por esto, ahora le toca a Dios el turno de inclinarse ante ella. Basta estar en mayoría, en gran mayoría, y mantenerse con los codos apretados, lo que nos garantizará el juicio de la eternidad. ¡Oh!, lo tendríamos asegurado, ¡claro está!, si no sucediera que en la eternidad se llega a ser individuo. Pero individuos lo éramos y en presencia de Dios continuamos siéndolo, pues incluso el hombre encerrado en un armario de cristal se siente menos molesto que cada uno de nosotros en su transparencia ante Dios. Es esto la conciencia. Ella dispone todo, de tal suerte, que una relación inmediata sigue a cada una de nuestras faltas y el culpable mismo es su redactor. Pero se la escribe con tinta simpática, que no se hace legible más que a contraluz de la eterna luz, cuando la eternidad revisa las conciencias. En el fondo, entrando en la eternidad, nosotros mismos llevamos y entregamos el sumario minucioso de nuestros menores pecadillos, cometidos u omitidos. La justicia en la eternidad podría hacerla, pues, un niño; en realidad no hay qué hacer para un tercero, estando registrado todo, hasta nuestras más insignificantes palabras. El culpable, en camino de aquí para la eternidad, tiene la misma suerte que aquel asesino que huye en ferrocarril, con toda la velocidad del tren, del lugar del crimen y de... su crimen mismo; ¡ay!, a lo largo de la línea que lo transporta corre el hilo telegráfico transmisor de su filiación y de la orden de detención para la próxima parada. En ésta penetran en el vagón y ya es prisionero. Por así decirlo, él mismo aporta el desenlace.

El escándalo, por lo tanto, es desesperar de la remisión de las faltas. Y el escándalo eleva el pecado a un grado superior. Generalmente se lo olvida, a causa de no considerar de verdad al escándalo como un pecado y, en lugar de decirlo, se habla de pecados donde no hay lugar para él. Y menos se lo concibe como elevando el pecado a un grado superior. ¿Por qué? Porqué no se opone, como lo quiere el cristianismo, el pecado a la fe, sino a la virtud.

CAPÍTULO III
EL ABANDONO POSITIVO DEL CRISTIANISMO, EL PECADO DE NEGARLO

Es éste el pecado contra el Santo Espíritu. Aquí el yo se eleva a su supremo grado de desesperación; no hace más que arrojar lejos de sí al cristianismo, lo trata de mentira y de fábula... ¡Qué idea monstruosamente desesperada de sí mismo debe tener ese yo!

La elevación de potencia del pecado se hace a la luz cuando se la interpreta como una guerra entre el hombre y Dios, en la cual el hombre cambia de táctica; su crecimiento de potencia es pasar de la defensiva a la ofensiva. Primero el pecado es desesperación; y se lucha tratando de rehuirla; luego llega una segunda desesperación, se desespera el propio pecado; también aquí se lucha, rehuyéndola o atrincherándola en sus posiciones de retirada, pero siempre *pedem reftrens*. Después viene el cambio de táctica: aunque se hunda cada vez más en sí mismo. Desesperar de la remisión de los pecados es una actitud positiva en presencia de una oferta de la misericordia divina; ya no es un pecado completamente en retirada, ni a la simple defensiva. Pero dejar el cristianismo como fábula y mentira es la ofensiva. Toda la táctica anterior concedía la superioridad al adversario. Al presente es el pecado quien ataca.

El pecado contra el Santo Espíritu es la forma positiva del escándalo.

El dogma del cristianismo es el dogma del Hombre-Dios, el parentesco entre Dios y el hombre, pero reservando la posibilidad del escándalo, como garantía de que se previene Dios contra la familiaridad humana. La posibilidad del escándalo es el resorte dialéctico de todo el cristianismo. Sin él, el cristianismo cae por debajo del paganismo y se pierde en tales quimeras, que un pagano lo trataría de pamplinas. Estar tan cerca de Dios que el hombre tenga el poder, la audacia, la promesa de aproximársele en el Cristo, ¿qué cabeza humana ha pensado jamás en ello? Y tomándolo sin oblicuidad, de rondón, sin reserva ni tortura, con desembarazo, el cristianismo –si se trata de locura humana a ese poema de lo divino que es el paganismo–, es entonces la invención de la demencia de un dios; semejante dogma no ha podido acudir más que al pensamiento de un dios que haya perdido el sentido... así afirmará el hombre que aún no haya perdido el suyo. El dios encarnado, si el hombre sin más debiera ser su camarada, formaría un *pendant* con el príncipe Enrique de Shakespeare (Se refiere a Enrique IV).

Dios y el hombre son dos naturalezas a quienes separa una diferencia infinita de naturaleza. Toda doctrina que no quiera tenerlo en cuenta, es para el hombre una locura y para Dios una blasfemia. En el paganismo el hombre refiere Dios al hombre (dioses antropomórficos); en el cristianismo Dios se hace hombre (Hombre-Dios)... pero a esta caridad infinita de su gracia, de su misericordia, Dios sin embargo pone una condición, una sola, que no puede dejar de poner. Aquí está precisamente la tristeza del Cristo: de estar obligado a ponerla; puede apocarse hasta tomar la apariencia de un servidor, soportar el suplicio y la muerte, invitarnos a ir hacia él, sacrificar su vida... pero el escándalo, ¡no!, no puede abolir su posibilidad. ¡Oh acto único! Y tristeza indescifrable de su amor, esta impotencia de Dios mismo —y en otro sentido su negativa a quererlo—, esta impotencia de Dios, aunque lo quisiere, para hacer que ese acto de amor no se transforme para nosotros en su exacto contrario, ¡para nuestra extremada miseria! Pues lo peor para el hombre, peor aún que el pecado, es escandalizarse del Cristo y empecinarse en el escándalo. Y esto es lo que el Cristo, que es el Amor, no puede incluso evitar. Ved, incluso él nos lo dice: *Bienaventurados los que no se escandalizan de mí*. Pues él no puede hacer más. Lo que puede, lo que está en su poder, es llegar a hacer por su amor la desgracia de un hombre, como nadie hubiera podido hacerlo por sí mismo. ¡Oh contradicción insondable del amor! Su mismo amor le evita tener la dureza de no terminar ese acto del amor —¡ay!— que hace desventurado a un hombre de tal modo, que de ninguna otra manera hubiera podido llegar a serlo tanto.

Pero tratemos de hablar en hombre. ¡Oh miseria de un alma que jamás haya sentido esa necesidad de amar, en la cual se sacrifica todo por amor, de un alma que por consecuencia nunca haya podido hacerlo! Pero si este mismo sacrificio de su amor le descubriera el medio de hacer la peor desgracia de otro, de un ser amado, ¿qué haría? O bien el amor perdería entonces su resorte en esa alma y de una vida de potencia caería en los herméticos escrúpulos de la melancolía, y apartándose del amor, no atreviéndose a asumir la acción que entrevé, esa alma sucumbirá, no por no actuar, sino por la angustia de poder obrar. Pues como una carga pesa infinitamente más si se encuentra en la extremidad de una palanca y que haya que levantarla por la otra, así todo acto pesa infinitamente más haciéndose dialéctico, y su peso infinito se da cuando esa dialéctica se complica de amor, cuando, lo que el amor impulsa a hacer por el amado, además, la solicitud por el amado parece en cambio desaconsejarlo. O bien vencerá el amor, y por amor, ese hombre se atreverá a obrar. Pero en su alegría de amar (el amor es siempre alegría, sobre todo si es todo sacrificio) su tristeza profunda será... ¡esa posibilidad misma de obrar! Por esto sólo con lágrimas cumplirá esa acción de su amor, hará el sacrificio (del cual, él, tiene tanta alegría); pues siempre flota, sobre lo que llamaría un cuadro de historia de la interioridad, la sombra funesta de lo posible. Y no obstante, ¿sin esa sombra reinante, habría sido su acto un acto de verdadero amor? No sé, amigo lector, lo que has podido hacer en tu vida, pero esfuerza ahora tu cerebro, rechaza todo falso espejismo, avanza por una vez al descubierto, desnuda tu sentimiento hasta en sus vísceras, abate todas las murallas que de ordinario separan al lector de su libro y entonces lee a Shakespeare... ¡Verás entonces conflictos que te harán escalofriar! Pero delante de los verdaderos, de los conflictos religiosos, Shakespeare mismo parece haber retrocedido de temor. Acaso para ser expresados no toleren más que el lenguaje de los dioses. Lenguaje excluido para el hombre: pues, como lo ha dicho tan bien un griego, los hombres nos enseñan a hablar, pero los dioses a callarnos.

Esta diferencia infinita de naturaleza entre Dios y el hombre está en el escándalo, cuya posibilidad nadie puede hacer a un lado. Dios se hace hombre por amor y nos dice: Ved lo que es ser hombre; pero agrega: tened cuidado, pues al mismo tiempo soy Dios... y bienaventurados aquellos que no se escandalizan de mí. Y si reviste, como hombre, las apariencias de un humilde servidor, es a causa de que esa humilde apariencia nos manifiesta a todos que nunca hay que creerse excluido de la aproximación a él, ni que sea preciso, para esto, tener prestigio y crédito.

En efecto, es el humilde. Mirad hacia mí –dice– y venid a convenceros de lo que es ser un hombre, pero también tened cuidado, pues al mismo tiempo soy Dios... Y bienaventurados aquellos que no se escandalizan de mí. O inversamente: Mi Padre y yo no somos más que uno y sin embargo soy este hombre de poca monta, este humilde, este pobre, este abandonado, entregado a la violencia humana... y bienaventurados aquellos que no se escandalizan de mí. Y este hombre de poca monta que soy es el mismo por quien oyen los sordos, ven los ciegos y caminan los paralíticos y curan los leprosos y resucitan los muertos... si, bienaventurados quienes no se escandalizan de mí.

Es por esto que estas palabras del Cristo, cuando se predica acerca de él –y, responsable ante el Altísimo, me atrevo a afirmarlo aquí–, tienen tanta importancia, sino como las palabras de la consagración de la Cena, al menos como las de la Epístola a los corintios: Que cada uno haga examen de sí mismo. Pues son ellas las palabras mismas del Cristo y es necesario, sobre todo para nosotros los cristianos, sin descanso, intimárnoslas, reiterárnoslas, repetírnoslas a cada uno particularmente. En todas partes donde se las calla, en todos los lugares al menos donde la exposición cristiana no se penetra de su pensamiento, el cristianismo no es más que blasfemia. Pues, sin guardias ni servidores para abrirle el paso y hacer comprender a los hombres que él era aquél que venía, el Cristo pasó por aquí abajo en la humilde especie de un servidor. Pero el riesgo del escándalo (¡ah! ¡En el fondo de su amor era esa su tristeza!). Le guardaba y le guarda aún, como un abismo abierto entre él y aquéllos a quienes más ama.

En efecto, en aquel que no se escandaliza, la fe es una adoración. Pero adorar, que traduce creer, también traduce que la diferencia de naturaleza entre el creyente y Dios continúa siendo un abismo infinito. Pues se encuentra en su fe el riesgo del escándalo como resorte dialéctico.

Pero el escándalo considerado aquí es también positivo de otro modo, pues tratar de fábula y mentira al cristianismo, es tratar de igual manera al Cristo.

Para ilustrar esta especie de escándalo, sería útil pasar en revista sus diferentes formas; como en principio deriva siempre de la paradoja (es decir del Cristo), se la encuentra por consiguiente cada vez que se define al cristianismo, lo que no puede hacerse sin pronunciarse acerca del Cristo, sin tenerlo presente en el espíritu.

La forma inferior del escándalo, humanamente la más inocente, es dejar indecisa la cuestión del Cristo, es llegar a la conclusión de que uno no se permite sacar una conclusión, es decir que no se cree, pero que uno se abstiene de juzgar. Este escándalo, pues es uno, escapa a la mayoría. Tanto se ha olvidado completamente el *Tú debes* del imperativo cristiano. De aquí proviene el hecho de que no se vea el escándalo de relegar al Cristo a la indiferencia. Sin embargo, el mensaje, que es el cristianismo, no puede significar para nosotros más que el deber imperioso de llegar a una conclusión con respecto al Cristo. Su existencia, el hecho de su realidad presente y pasada, rige toda nuestra vida. Si tú lo sabes, es escándalo decidir que sobre tal cuestión no tendrás un punto de vista.

Empero, en un tiempo como el nuestro, en el cual se predica el cristianismo con la mediocridad que se sabe, hay que escuchar ese imperativo con alguna reserva. ¿Pues cuántos millares de personas, sin duda, lo han oído predicar sin oír nunca una palabra de ese imperativo? Pero pretender aun, posteriormente, carecer de opinión al respecto, es escándalo. Es, en efecto, negar la divinidad del Cristo, negar su derecho a exigir de cada uno que tenga una opinión. Es inútil responder que uno no se pronuncia sobre ello, que no se dice *ni sí ni no con respecto al Cristo*. Entonces se os preguntará si os es indiferente saber si debéis o no tener una opinión con respecto al Cristo. Y si se contesta que no, se cae en la propia trampa; y si se responde que sí, el cristianismo os condenará a pesar de todo, pues todos debemos tener una opinión sobre esto y, por consiguiente, sobre Cristo, y nadie debe tener el coraje de tratar la vida del Cristo como curiosidad despreciable. Cuando Dios se encarna y se hace hombre, no se trata de una fantasía, de una sutileza a manera de empresa, para evadirse quizá de ese aburrimiento inseparable, según una palabra desvergonzada, de una existencia de Dios... En resumen, no es para poner en la cuestión la aventura. No, este acto de Dios, ese hecho, es lo serio de la vida. Y a su turno, lo serio de esa seriedad, es el deber imperioso de todos de hacerse una opinión al respecto. Cuando un monarca pasa por una ciudad de provincia, es para él una injuria que un funcionario, sin excusa recomendable, se dispense de ir a saludarlo; ¿pero qué se pensaría de un funcionario que pretendiera ignorar incluso la llegada del rey a la ciudad, que jugara al particular, y *se burlara así de su majestad y de la Constitución*? Igual sucede cuando Dios se complace en hacerse hombre... y que alguien (pues el hombre es a Dios como al rey el funcionario) encuentre justo decir entonces: ¡Sí! Éste es un punto sobre el cual prefiero no tener opinión. Así se habla, en aristócrata, de lo que se desprecia en el fondo: así, con esa altivez que se pretende equitativa y sólo tiene desprecio por Dios.

La segunda forma del escándalo, aunque negativa, es un sufrimiento. Sin duda uno se siente en ella incapaz de ignorar al Cristo, fuera de la posibilidad de dejar pendiente toda esa cuestión del Cristo arrojándose en las agitaciones de la vida. Pero no por ello se deja de ser menos incapaz de creer, cerrándose siempre en el mismo y único punto, en la paradoja. Si se quiere, también es honrar al cristianismo el decir que la cuestión: *¿Qué opinas del Cristo?* Es en efecto la piedra de toque. El hombre encerrado de este modo en el escándalo pasa su vida como una sombra, vida que se consume porque en su fuero íntimo siempre gira en torno de este mismo problema. Y su vida irreal expresa perfectamente (como en el amor, el sufrimiento de un amor desventurado) toda la sustancia profunda del cristianismo.

La última forma del escándalo es la misma de este último capítulo, la forma positiva. Trata al cristianismo como fábula y mentira, niega al Cristo (su existencia, que sea quien dice ser) a la manera de los docetas o de los racionalistas: entonces o el Cristo ya no es un individuo, sino que sólo tiene la apariencia humana, o no es más que un hombre, más que un individuo. De este modo, con los docetas se esfuma en poesía o mito sin pretender realidad, o bien con los racionalistas se hunde en una realidad que no puede pretender la naturaleza divina. Esta negación del Cristo, de la paradoja, implica a su vez la del resto del cristianismo: del pecado, de la remisión de los pecados, etcétera.

Esta forma del escándalo es el pecado contra el Santo Espíritu. Como los judíos decían que el Cristo expulsaba a los demonios mediante el Demonio, de igual modo este escándalo hace del Cristo una invención del demonio.

Este escándalo es el pecado, llevado a su suprema potencia, cosa que no se ve de ordinario, a causa de no oponer, cristianamente, el pecado a la fe.

Este contraste, por el contrario, es el que hace el fondo de todo este escrito cuando, desde la primera parte (Libro Primero, capítulo I), formulamos el estado de un yo en el cual la desesperación está enteramente ausente: en su relación consigo mismo, queriendo ser él mismo, el yo sumérjase a través de su propia transparencia en el poder que le ha planteado. Y a su vez, esta fórmula, como tantas veces lo hemos recordado, es la definición de la fe.

Sobre el autor

SØREN KIERKEGAARD (Copenhague, **5** de mayo de **1813** - ibídem, **11** de noviembre de **1855**) fue un prolífico filósofo y teólogo danés del siglo XIX. Se le considera el padre del Existencialismo, por hacer filosofía de la condición de la existencia humana, por centrar su filosofía en el individuo y la subjetividad, en la libertad y la responsabilidad, en la desesperación y la angustia, temas que retomarían Martin Heidegger y otros filósofos de siglo XX. Criticó con dureza el hegelianismo de su época y lo que él llamó formalidades vacías de la Iglesia danesa. Gran parte de su obra trata de cuestiones religiosas: la naturaleza de la fe, la institución de la Iglesia cristiana, la ética cristiana y las emociones y sentimientos que experimentan los individuos al enfrentarse a las elecciones que plantea la vida. En una primera etapa escribió bajo varios seudónimos con los que presentaba los puntos de vista de estos mediante un complejo diálogo. Acostumbró a dejar al lector la tarea de descubrir el significado de sus escritos porque, según sus palabras, «la tarea debe hacerse difícil, pues sólo la dificultad inspira a los nobles de corazón».

Ha sido catalogado como existencialista, neoortodoxo, posmodernista, humanista e individualista, entre otras cosas. Sobrepasando los límites de la filosofía, la teología, la psicología y la literatura, Kierkegaard es considerado una importante e influyente figura del pensamiento contemporáneo.

9 789373 681078

Printed at Repro India Ltd.